Ökonomischer Erfolgsfaktor betriebliche Krankenversicherung

Marco Scherbaum

Ökonomischer Erfolgsfaktor betriebliche Krankenversicherung

Wertschätzung ist keine Einbahnstraße

 Springer Gabler

Marco Scherbaum
Geschäftsführung
HEALTH FOR ALL® - Kanzlei für Betriebliche Gesundheitskonzepte
Würzburg, Bayern, Deutschland

ISBN 978-3-658-48923-6   ISBN 978-3-658-48924-3 (eBook)
https://doi.org/10.1007/978-3-658-48924-3

Die Deutsche Nationalbibliothek verzeichnet diese Publikation in der Deutschen Nationalbibliografie; detaillierte bibliografische Daten sind im Internet über https://portal.dnb.de abrufbar.

Springer Gabler ist ein Imprint der eingetragenen Gesellschaft Springer Fachmedien Wiesbaden GmbH und ist ein Teil von Springer Nature.
Die Anschrift der Gesellschaft ist: Abraham-Lincoln-Str. 46, 65189 Wiesbaden, Germany

Wenn Sie dieses Produkt entsorgen, geben Sie das Papier bitte zum Recycling.

Vorwort

„Gesunde Mitarbeiter kosten Geld – kranke Mitarbeiter kosten ein Vermögen"
(Zitat: Senator h.c. Marco Scherbaum)

Bewusst beginne ich mit diesem Zitat mein neues Buch. Fehlzeiten verursachen in deutschen Unternehmen einen immensen wirtschaftlichen Schaden. Arbeitgeber können es sich daher schlichtweg nicht leisten, nicht in die Gesundheit ihrer Mitarbeiter zu investieren.

Die Krankmeldungen der Beschäftigten in Deutschland erreichen von Jahr zu Jahr Rekordhöhe. Zudem hat sich der Arbeitskräftemangel in den letzten Jahren drastisch verschärft.

Wer leistungsfähiges Personal gewinnen und halten will, muss etwas bieten. Inzwischen haben viele Arbeitgeber verstanden, dass Obstkorb und Tankgutscheine schon lange nicht mehr für ein attraktives Arbeitgeber-Image ausreichen. Um ganz vorne mitzuspielen, sind clevere HR-/BGM- Strategien und -Konzepte gefragt! Eine betriebliche Krankenversicherung (bKV) wirkt den personalpolitischen Herausforderungen kostengünstig entgegen.

Mein erstes Buch *„Gesundheit für alle – Revolution der betrieblichen Gesundheitsversorgung"*[1] schrieb ich bereits 2019 – über die bKV als innovative Lösung zum Erhalt der Arbeitskraft, durch Verbesserung der Qualität der medizinischen Gesundheitsversorgung aller Mitarbeiter. Das Fachbuch stieß auf großes Interesse. An dieser Stelle: Vielen Dank an über 29.000 Leser in den ersten fünf Jahren seit Publizierung.

Als ich meine Maklerkanzlei mit ausschließlicher Spezialisierung auf betriebliche Krankenversicherungskonzepte gründete, galt die bKV als Nischenthema. Kaum jemand kannte bKV. Selbst in der Versicherungsbranche glaubten nicht viele an das Potenzial. Ich blieb stets meiner Vision treu und setze mich mit meinen Erfahrungen auf verschiedenen Ebenen für die bKV, deren steigende Bekanntheit, Beliebtheit und Implementierung deutschlandweit ein.

Die bKV wird in den letzten Jahren zu einem immer gefragteren Personalinstrument. Waren es im Jahr 2015 gerade mal rund eine halbe Mio. Mitarbeiter, die eine arbeitgeber-

---

[1] Scherbaum, M. (2019). *Gesundheit für alle – Revolution der betrieblichen Gesundheitsversorgung.* Springer-Verlag.

finanzierte betriebliche Krankenversicherung erhielten, sind es aktuell bereits über 2,5 Mio.[2] Mitarbeiter, die von einer bKV profitieren. Doch trotz des Wachstums mangelt es gerade in kleinen und mittelständischen Unternehmen aber noch immer an entsprechendem Wissen um die immense Schlagkraft und positive Wirkung der bKV auf die Personalarbeit. Mein Credo: Die bKV ist mehr als nur eine Versicherung – sie ist ein wichtiger Teil einer strategischen Personalpolitik. Bereits für kleines Geld als Arbeitgeber-Investition können Betriebe und deren Belegschaft von positiven Effekten profitieren. Umso wichtiger ist es daher, die HR-Welt mit nötigen Hintergrundinformationen zu versorgen.

Das zahlreiche positive Feedback von Lesern und Kunden auf Arbeitgeber- und Arbeitnehmerseite hat mich motiviert mein nächstes Buch zu schreiben. In diesem Werk erläutere ich „die ökonomischen Effekte der betrieblichen Krankenversicherung" und zeige mit konkreten Leistungsbeispielen aus der Praxis die nachhaltige Wirkung auf den wirtschaftlichen Erfolg von Unternehmen. Bezug nehmend auf das Eingangszitat „*Gesunde Mitarbeiter kosten Geld – kranke Mitarbeiter kosten ein Vermögen*" wird belegt: Betriebliche Krankenversicherung ist eine Investition, die sich lohnt – für Unternehmen und ihre Arbeitnehmer. Dem finanziellen Aufwand des Arbeitgebers durch die Finanzierung der betrieblichen Krankenversicherung steht ein betriebswirtschaftlicher Vorteil gegenüber. „Wertschätzung ist keine Einbahnstraße" – damit meine ich, dass die bKV nicht nur im Sinne der Mitarbeiter wirkt, sondern auch die Arbeitgeberseite nachhaltig von ihrem Nutzen aus ökonomischer Perspektive überzeugt. Denn: Fürsorge mit bKV macht sich für Unternehmen bezahlt!

Ich wünsche Ihnen viel Spaß beim Lesen und viel Erfolg bei der anschließenden Umsetzung!

Ihr **Marco Scherbaum**

Mai 2025, Würzburg

Hinweis

Dieses Buch hat der Autor nach bestem Wissen erstellt und die Inhalte sorgfältig erarbeitet.

Gleichwohl kann man Fehler nie ganz ausschließen. Bitte haben Sie deshalb Verständnis dafür, dass

der Autor keine Garantie und Haftung für die Aktualität, Richtigkeit und Vollständigkeit übernimmt. Die

Aussagen sind allgemeiner Natur und können eine unabhängige und individuelle Beratung im

konkreten Einzelfall nicht ersetzen.

Aus Lesbarkeitsgründen verzichtet der Autor auf die verschiedene Ansprechweisen, sei es divers, männlich oder weiblich. Alle Formulierungen sprechen gleichermaßen alle Geschlechter an.

---

[2] PKV-Verband, (2025, 13. Februar). *Boom bei der betrieblichen Krankenversicherung – Erfolgsmodell auch für bessere Pflege-Vorsorge.* Abgerufen am 21. April 2025, von https://www.pkv.de/verband/presse/pressemitteilungen/boom-bei-der-betrieblichen-krankenversicherung-erfolgsmodell-auch-fuer-bessere-pflege-vorsorge/.

Geleitwort I

Als Europapolitiker und Präsident von Wirtschaftsverbänden, die sich intensiv mit den Herausforderungen und Chancen unserer modernen Gesellschaft befassen, sehe ich in der betrieblichen Krankenversicherung (bKV) eine Schlüsselrolle für eine zukunftsorientierte Wirtschaft und eine stabile soziale Struktur. Die Gesundheit der Menschen ist eines der zentralen Themen unserer Zeit.

Das vorliegende Werk widmet sich einem Thema, das sogar weit über den betrieblichen Kontext hinaus gesellschaftliche und politische Relevanz hat.

In einer Zeit, in der Fachkräftemangel, steigende Gesundheitskosten und der demografische Wandel zunehmend zu zentralen Herausforderungen werden, bieten innovative Konzepte wie die betriebliche Krankenversicherung Lösungsansätze, die Wirtschaft und Politik gleichermaßen bereichern können. Durch gezielte Verbesserung der medizinischen Gesundheitsversorgung als betriebliche Sozialleistung entsteht nicht nur ein Mehrwert für die Mitarbeitern, sondern auch für Unternehmen und letztlich für unsere Volkswirtschaft insgesamt.

Ich kann aus eigener Erfahrung bestätigen, dass die Investition in die Gesundheit der Mitarbeiter eine lohnende Entscheidung ist. Schon seit mehreren Jahren investiere ich in meiner Personalverantwortung in die bKV zugunsten der Belegschaft. Die positiven Effekte sind unübersehbar: Ein motiviertes, leistungsfähiges Team, weniger Fehlzeiten und eine Unternehmenskultur, die auf Wertschätzung und gegenseitiger Verantwortung aufbaut. Diese Erfahrungen haben mir gezeigt, dass betriebliche Krankenversicherung nicht nur ein unternehmerisches Instrument ist, sondern auch eine Brücke, die Wirtschaft und soziale Verantwortung verbindet.

Aus politischer Sicht ist es essenziell, die Rahmenbedingungen für solche Initiativen zu verbessern. Durch steuerliche Anreize, rechtliche Klarheit und eine breite gesellschaftliche Debatte können wir die betriebliche Gesundheitsförderung mit Prävention stärker in den Fokus rücken. Deutschland hat die Chance, hier eine Vorreiterrolle einzunehmen und ein Modell für andere europäische Länder zu werden. Dies erfordert jedoch eine enge Zusammenarbeit zwischen Politik, Wirtschaft und Gesellschaft.

Der Autor Senator h.c. Marco Scherbaum gilt nicht nur als ausgewiesener Experte auf dem Gebiet der betrieblichen Krankenversicherung, sondern auch als Visionär, der sich mit großem Engagement für eine starke und leistungsfähige Wirtschaft einsetzt. Seine Arbeit zeichnet sich durch eine einzigartige Kombination aus fundiertem Fachwissen, praxisorientierten Ansätzen und einem klaren Blick für die Herausforderungen der Zukunft aus. Mit seiner Leidenschaft und seinem unermüdlichen Einsatz hat er wesentlich dazu beigetragen, die Bedeutung der bKV ins Bewusstsein von Unternehmen und Entscheidungsträgern der Politik zu rücken.

Ich bin davon überzeugt, dass dieses Buch nicht nur für Fachleute, sondern für alle, die sich für die Zukunft unserer Arbeitswelt und Wirtschaft interessieren, von großem Nutzen sein wird.

Ich wünsche eine inspirierende Lektüre.

Dr. Ingo Friedrich
Vizepräsident des Europäischen Parlaments (ret.)
Präsident des Europäischen Wirtschaftssenats
Exekutivpräsident der Union Mittelständischer Unternehmen

Geleitwort II

„Gesundheit ist nicht alles, aber ohne Gesundheit ist alles nichts."

Dieser Satz begleitet uns in der Unternehmensführung heute mehr denn je. Als mittelständisches Unternehmen standen wir vor der Frage: Wie können wir in einer Zeit wachsender Unsicherheit und steigender Anforderungen echte, nachhaltige Werte für unsere Mitarbeitern schaffen?

Auf der Suche nach einer Lösung, die über die klassische Gehaltserhöhung hinausgeht, sind wir auf die betriebliche Krankenversicherung (bKV) gestoßen. Unsere Überlegung war klar: Wir wollten nicht einfach nur finanzielle Anreize setzen, sondern unseren Mitarbeitern etwas bieten, das sie langfristig begleitet, unterstützt und ihre Gesundheit in den Mittelpunkt stellt.

Mit einem gestaffelten Modell – orientiert an der Dauer der Betriebszugehörigkeit (bis 5 Jahre, über 5 Jahre, über 10 Jahre) – haben wir eine Form der Wertschätzung geschaffen, die zunehmend an Bedeutung gewinnt. Anfangs begegnete uns Skepsis: *„Hättet ihr mir das Geld nicht lieber direkt ausgezahlt?"* Heute, einige Jahre später, hören wir ganz andere Stimmen: *„Zum Glück haben wir die bKV – ich konnte mal wieder den vollen Unterstützungsbetrag nutzen,"* oder sogar: *„Es war ein großer Trost, in einer schweren Krankheitsphase als Privatpatient behandelt zu werden."*

Besonders erfreulich ist, dass die angebotenen individuellen Vorsorgeuntersuchungen von vielen Mitarbeitern aktiv genutzt werden. Die regelmäßige Nutzung dieser Angebote hat dazu beigetragen, gesundheitliche Probleme frühzeitig zu erkennen und rechtzeitig gegenzusteuern. Dadurch konnten sowohl persönliche Belastungen reduziert als auch langfristige Ausfallzeiten im Unternehmen vermieden werden. Die bKV ist damit nicht nur ein starkes Instrument der Fürsorge, sondern auch ein Beitrag zur wirtschaftlichen Stabilität unseres Betriebs.

Dank einer klaren Versorgungsordnung haben wir zudem arbeits- und steuerrechtlich ein belastbares Fundament geschaffen – was auch eine Betriebsprüfung bestätigt hat.

Unsere Erfahrungen machen Mut: Die Investition in Gesundheit und Wertschätzung zahlt sich aus – für Mitarbeiter und Unternehmen gleichermaßen. Dieses Buch zeigt praxisnah, wie sich mit innovativen Konzepten echte Mehrwerte schaffen lassen. Ich wünsche allen Leserinnen und Lesern viel Inspiration, Mut zum Handeln und die Überzeugung, dass sich Investitionen in Menschen immer lohnen.

Markus Heinrich
Managing Director
Schmelzmetall Deutschland GmbH

Geleitwort III

Als Präsident des Bundes der Steuerzahler Deutschland e.V. und als Arbeitgeber mit Verantwortung für ein starkes Team weiß ich: Gesundheit ist eine der zentralen Voraussetzungen für Leistungsfähigkeit – im Unternehmen wie im Staat. Die betriebliche Krankenversicherung (bKV) ist dabei ein Baustein, der oft unterschätzt wird, aber enorme Wirkung entfalten kann.

In einer Zeit, in der Unternehmen immer mehr Verantwortung schultern – für Fachkräftesicherung, Wettbewerbsfähigkeit und gesellschaftliche Stabilität – braucht es Instrumente, die pragmatisch, wirksam und zugleich menschlich sind. Genau das leistet die bKV. Sie bietet eine einfache und zielgerichtete Möglichkeit, die Gesundheitsversorgung der Beschäftigten sinnvoll zu ergänzen – dort, wo gesetzliche und private Systeme an Grenzen stoßen. Und sie bringt Fürsorge dorthin, wo sie am meisten gebraucht wird: direkt in den Betrieb, direkt zum Menschen.

Als Arbeitgeber habe ich die Erfahrung gemacht: Wer in die Gesundheit seiner Belegschaft investiert, bekommt Motivation, Loyalität und Qualität zurück. Eine funktionierende bKV senkt Ausfallzeiten, stärkt das Betriebsklima und wirkt weit über das Medizinische hinaus. Sie signalisiert: Du bist uns wichtig – nicht nur als Arbeitskraft, sondern als Mensch.

Aus Sicht des Bundes der Steuerzahler ist es zudem von übergeordneter Bedeutung, dass Unternehmen dort entlastet und gestärkt werden, wo sie Verantwortung übernehmen. Wenn Arbeitgeber freiwillig in die Gesundheitsversorgung ihrer Mitarbeiter investieren, dann ist das nicht nur ein Akt der Wertschätzung, sondern auch ein Beitrag zur Stabilität unseres Gemeinwesens. Jeder vermiedene Krankheitsfall, jede früh erkannte Diagnose entlastet nicht nur das Unternehmen, sondern auch unser Sozialsystem. Hier zeigen sich private Initiative und öffentliches Interesse in seltener Übereinstimmung.

Deshalb braucht es politische Unterstützung für die betriebliche Krankenversicherung: durch faire steuerliche Rahmenbedingungen, mehr Klarheit bei der rechtlichen Ausgestaltung und weniger bürokratische Hürden. Wenn wir es ernst meinen mit Prävention, Arbeitsfähigkeit und einem belastbaren Gesundheitssystem, dann muss die bKV fester Bestandteil der gesundheitspolitischen Agenda sein. Sie ist keine Randnotiz, sondern eine Zukunftsoption – für Wirtschaft, Staat und Gesellschaft.

Dass dieses Buch der bKV die Sichtbarkeit und Bedeutung gibt, die sie verdient, ist kein Zufall. Marco Scherbaum hat sich dem Thema mit großem persönlichen Engagement und unternehmerischer Leidenschaft verschrieben. Er hat früh erkannt, was inzwischen viele bestätigen: Die bKV ist mehr als ein Versicherungsprodukt – sie ist ein strategisches Instrument mit menschlichem Kern. Ich danke ihm herzlich dafür, dass er dieses Thema mit so viel Klarheit, Praxisnähe und Überzeugungskraft in die unternehmerische und politische Diskussion eingebracht hat.

Ich wünsche allen Leserinnen und Lesern wertvolle Impulse, die Mut machen – zur Investition in Gesundheit, in Vertrauen und in die Zukunftsfähigkeit unserer Arbeitswelt.

Reiner Holznagel

Präsident

Bund der Steuerzahler Deutschland e.V.

Inhaltsverzeichnis

Über den Autor

Senator h.c. Marco Scherbaum ist Gründer und Geschäftsführer der Firma HEALTH FOR ALL. Der unabhängige Unternehmensberater ist Spezialist für betriebliche Gesundheitskonzepte, verfügt über mehr als 25 Jahre Erfahrung in verschiedenen Führungspositionen in Industrie- und Versicherungskonzernen. Mit langjähriger Expertise berät und begleitet Marco Scherbaum mit seiner Maklerkanzlei Betriebe jeglicher Branche und Größe deutschlandweit bei der Implementierung Betrieblicher Krankenversicherungskonzepte.

Im Rahmen diverser nationaler und internationaler HR-Kongresse, BGM-Fachtagungen, Wirtschaftsforen und Ausschüsse ist Marco Scherbaum gefragter Keynote-Speaker und Vortragsredner.

Als Wirtschaftssenator & Aufsichtsrat des Europäischen Wirtschaftssenats (EWS) steht er mit seinem Wissen, seinen Kompetenzen und Erfahrungen vor allem politischen Entscheidungsträgern beratend zur Verfügung, um damit das Zusammenspiel zwischen Politik und Wirtschaft in Europa zu stärken.

Seine Leitbilder sind die „Soziale Marktwirtschaft" sowie die Grundwerte des „ehrbaren Kaufmanns". Sein Engagement, aktiv und direkt an der Gestaltung der wirtschaftlichen Stärke mitzuwirken, ist frei von ideologischen oder politischen Zwängen. Durch strategische Präsenz in München, Berlin und Brüssel sowie exzellenten Verbindungen zu den Institutionen der Europäischen Union ist er bestens positioniert, die Werte und Interessen der europäischen Wirtschaft und Unternehmer zu vertreten.

2019 veröffentlichte der Springer Verlag sein erstes Fachbuch „*Gesundheit für alle – Revolution der betrieblichen Gesundheitsversorgung*".[1]

Autorenportrait Senator h.c. Marco Scherbaum (2025)
Senator h.c. Marco Scherbaum
Geschäftsführer HEALTH FOR ALL®
Würzburg, Deutschland
ceo@health-for-all.de
www.health-for-all.de

---

[1] Scherbaum, M. (2019). *Gesundheit für alle – Revolution der betrieblichen Gesundheitsversorgung.* Springer-Verlag.

Abkürzungsverzeichnis

AGG	Allgemeines Gleichbehandlungsgesetz
AU	Arbeitsunfähigkeit
bAV	Betriebliche Altersvorsorge
bKV	Betriebliche Krankenversicherung
bPV	Betriebliche Pflegeversicherung
BGM	Betriebliches Gesundheitsmanagement
BMF	Bundesministerium für Finanzen
bKV	Betriebliche Krankenversicherung
CSR	Corporate Sustainability Reporting
EKG	Elektrokardiogramm
EstG	Einkommenssteuergesetz
GebüH	Gebührenordnung für Heilpraktiker
GKV	Gesetzliche Krankenversicherung
GOÄ	Gebührenordnung für Ärzte
GOZ	Gebührenordnung für Zahnärzte
HR	Human Resources
ICD	International Statistical Classification of Diseases and Related Health Problems
IGeL	Individuelle Gesundheitsleistungen
Mio.	Millionen
Mrd.	Milliarden
DNK	Deutscher Nachhaltigkeitskodex
PKV	Private Krankenversicherung
ROI	Return on Investment
SDG	Sustainable Development Goals
SGB	Sozialgesetzbuch
WHO	Weltgesundheitsorganisation

Die Kostensituation in Unternehmen ist angespannt wie selten zuvor

1

Inhaltsverzeichnis

Zusammenfassung

Die Kostensituation deutscher Unternehmen ist aktuell durch ein Zusammenspiel wirtschaftlicher, gesellschaftlicher und demografischer Herausforderungen geprägt. Dieses Kapitel analysiert zentrale Einflussfaktoren wie krankheitsbedingte Fehlzeiten, Pflegeverpflichtungen, Fachkräftemangel, vakante Stellen und einen tiefgreifenden Wertewandel in der Arbeitswelt. Es zeigt auf, wie veränderte Generationenbilder, sinkende Leistungsbereitschaft und steigende Erwartungshaltungen das Gleichgewicht zwischen Arbeitgeber- und Arbeitnehmerinteressen belasten. Gleichzeitig wird die Rolle von HR als strategischer Gestalter moderner Arbeitskulturen hervorgehoben.

© Der/die Autor(en), exklusiv lizenziert an Springer Fachmedien Wiesbaden GmbH, ein Teil von Springer Nature 2025
M. Scherbaum, *Ökonomischer Erfolgsfaktor betriebliche Krankenversicherung*,
https://doi.org/10.1007/978-3-658-48924-3_1

Unternehmen müssen ihre Personalpolitik neu ausrichten, um nachhaltig attraktiv und wettbewerbsfähig zu bleiben. Der Text appelliert an alle Akteure – Wirtschaft, Politik, Bildung und Eltern –, Verantwortung zu übernehmen, um eine zukunftsfähige, leistungsbereite Gesellschaft zu gestalten.

1.1   Status Quo: Ein Umfeld voller Herausforderungen in deutschen Unternehmen

Dieses Kapitel widmet sich der aktuellen Herausforderungen in deutschen Unternehmen und beleuchtet die wesentlichen Einflussfaktoren, die zur derzeit angespannten Lage beitragen. Darüber hinaus werden die Konsequenzen analysiert und mögliche Lösungsansätze zur Kostenoptimierung beleuchtet. In Zeiten multipler Krisen ist es für Unternehmen essenziell, vorausschauend zu agieren, um mit zielgerichteten Investitionen ihre wirtschaftliche Stabilität langfristig zu sichern.

Status Quo: Die vergangenen Jahre waren von tiefgreifenden wirtschaftlichen, politischen und gesellschaftlichen Umbrüchen geprägt. **Globale Krisen, wirtschaftliche Unsicherheiten und strukturelle Veränderungen** haben sich massiv auf betriebliche Abläufe und Finanzstrukturen ausgewirkt. Besonders spürbar sind enorme wirtschaftlichen Belastungen, die sich aus **steigenden Kosten** und **regulatorischen Anforderungen** ergeben.

Die Nachwirkungen der COVID-19-**Pandemie** sind weiterhin in vielen Unternehmen wirtschaftlich und personell präsent. Parallel dazu belasten drastische **Preissteigerungen für Energie** – insbesondere für Strom und Gas – die Unternehmensbudgets erheblich. Viele Betriebe stehen vor der Herausforderung, diese zusätzlichen Kosten zu kompensieren, ohne ihre Wettbewerbsfähigkeit einzubüßen.

Auch die globalen **Lieferketten** sind nach wie vor von Engpässen und Unregelmäßigkeiten geprägt. Verzögerungen in der Materialbeschaffung führen nicht nur zu Produktionsausfällen, sondern auch zu erheblichen **Preissteigerungen** bei Rohstoffen und Vorprodukten. Dies verstärkt den finanziellen Druck auf Unternehmen und macht eine strategische Neuausrichtung vieler Geschäftsmodelle erforderlich.

Zusätzlich zu diesen wirtschaftlichen Faktoren setzt die **anhaltende Inflation** sowohl Unternehmen als auch Arbeitnehmer weiter unter Druck. Steigende Lohnforderungen, höhere Einkaufspreise und eine insgesamt sinkende Kaufkraft wirken sich direkt auf betriebliche Kostenstrukturen aus. In diesem Umfeld ist es für viele Unternehmen schwierig, Preise weiterzugeben, ohne Kunden zu verlieren oder die eigene Marktstellung zu gefährden.

Neben diesen wirtschaftlichen Aspekten sind es auch **zunehmend bürokratische Hürden** und komplexere regulatorische Anforderungen, die Unternehmen vor große Herausforderungen stellen. Gesetzliche Vorgaben, Dokumentationspflichten und administrative Prozesse binden personelle und finanzielle Ressourcen, die für operative Tätigkeiten dringend benötigt würden. Diese Entwicklung führt dazu, dass viele Betriebe nicht nur mit steigenden Kosten, sondern auch mit wachsender Ineffizienz kämpfen.

Ein Umfeld voller Herausforderungen. Die Liste ist noch länger:

1.1.1 Historische Höchststände von Krankmeldungen als Kostenfaktor

Die krankheitsbedingten Fehlzeiten in deutschen Unternehmen haben einen histori-schen Höchststand erreicht und setzen sich auch 2025 auf diesem Niveau fort. **23,9 Tage fehlte laut AOK-Report**[1] **durchschnittlich jeder versicherte Beschäftigte im Jahr 2024 aufgrund einer ärztlichen Arbeitsunfähigkeitsbescheinigung am Arbeitsplatz.**

Der Spitzenwert von 225 Arbeitsunfähigkeitsfällen je 100 erwerbstätige AOK-Mitglieder aus dem Jahr 2023 ist bereits im Zeitraum von Januar bis August 2024 erreicht worden – und damit schon vor der zu erwartenden Erkältungswelle im Herbst und Winter. Ein Vergleich zeigt, wie stark der Anstieg ist: Im Durchschnitt der Jahre 2014 bis 2021 waren nur knapp 160 Fälle je 100 Mitglieder zu verzeichnen.

Der Report zeigt zudem Krankheitsgruppen, die das Fehlzeitengeschehen prägen: Muskel- und Skelett-Erkrankungen (19,5 % der Fehlzeiten), Atemwegserkrankungen (15,4 % der Fehlzeiten), Psychische Erkrankungen (11,9 % der Fehlzeiten), Erkrankungen des Kreislaufsystems (4,5 % der Fehlzeiten), Erkrankungen der Verdauungsorgane (3,8 % der Fehlzeiten).

Die steigende Belastung der Mitarbeiter durch Stress, körperliche und psychische Erkrankungen sowie die Auswirkungen des demografischen Wandels führen zu einem konstant hohen Niveau an Personalkosten. Langfristige Erkrankungen und häufige Fehlzeiten schwächen die Produktivität und erhöhen den finanziellen Druck auf Unternehmen erheblich.

Die hohe Krankenquote bedeutet für Unternehmen, dass Personal kurzfristig ausfällt. Besonders in Branchen mit bereits angespanntem Fachkräftemangel können diese Ausfälle schwer ausgeglichen werden. Der Mehrbelastung für anwesende Mitarbeiter führt oft zu einer weiteren Zunahme von Erschöpfung und Krankheit. Neben direkten Lohnfort-zahlungskosten führen Krankheitsausfälle zu weiteren finanziellen Belastungen durch Produktivitätsverluste, die Notwendigkeit von Aushilfskräften oder temporärer Produktionsverringerung. Zusätzlich entstehen langfristige Belastungen durch eine stei-gende Inanspruchnahme von Rehabilitations- und Wiedereingliederungsmaßnahmen.

Stress ist für viele Arbeitnehmer zu einem ständigen Begleiter geworden.

Obwohl das Bewusstsein für eine ausgewogene Work-Life-Balance wächst, zeigt sich in der Realität oft ein anderes Bild. Der Wunsch nach gesunder Lebensführung kollidiert häufig mit hohen beruflichen Anforderungen und anhaltendem Druck.

Hybride Arbeitsmodelle, die eine Mischung aus Büroarbeit und Homeoffice ermögli-chen, bieten zweifellos Flexibilitätsvorteile. Gleichzeitig stellen sie jedoch eine erhebliche Herausforderung für die psychische Gesundheit der Mitarbeiter dar. Fehlende soziale Interaktion, die zunehmende Entgrenzung zwischen Arbeits- und Privatleben sowie die Erwartung ständiger Erreichbarkeit führen zu einer wachsenden psychischen Belastung.

---

[1] Badura, B., Ducki, A., Baumgardt, J., Meyer, M. & Schröder, H. (2024). *Fehlzeiten-Report 2024: Bindung und Gesundheit – Fachkräfte gewinnen und halten. Kapitel 21.1.* Springer-Verlag.

Viele Beschäftigte berichten von Erschöpfung und erhöhten Stress-Leveln, die langfristig in ernsthafte Erkrankungen wie Depressionen oder Burnout münden können.

Burnout ist eines der prägnantesten Beispiele für die gesundheitlichen Auswirkungen chronischen Arbeitsstresses. Seit dem 1. Januar 2022 ist Burnout in der Internationalen Klassifikation der Krankheiten (ICD-11) der Weltgesundheitsorganisation (WHO) als Syndrom infolge von chronischem Arbeitsstress anerkannt. Allerdings wird es nicht als eigenständige Diagnose geführt. Diese Einordnung zeigt, dass Burnout als arbeitsbedingtes Phänomen ernst genommen werden muss, es jedoch weiterhin an klaren medizinischen Definitionen und standardisierten Behandlungsansätzen fehlt.

Die Genesungszeit bei Burnout ist stark individuell und kann von wenigen Wochen bis zu mehreren Monaten reichen. In schweren Fällen ist eine stationäre Behandlung erforderlich, die die Fehlzeiten weiter verlängert. Erschwerend kommt hinzu, dass der Zugang zu psychotherapeutischen Maßnahmen durch lange Wartezeiten auf einen Therapieplatz behindert wird. Für Betroffene bedeutet dies nicht nur eine verzögerte Genesung, sondern auch eine potenzielle Chronifizierung ihrer Beschwerden.

Die zunehmende Bedeutung psychischer Erkrankungen im Arbeitskontext wird durch zahlreiche Statistiken untermauert. Seit 2013 haben die Krankheitstage aufgrund psychischer Erkrankungen um 56,5 % zugenommen. Besonders auffällig ist die im Vergleich zu anderen Erkrankungen überdurchschnittlich lange Dauer der Fehlzeiten. Die durchschnittliche Falldauer psychischer Erkrankungen war im Jahr 2023 mit 28,1 Tagen je Fall mehr als doppelt so lang wie der Durchschnitt mit 10,6 Tagen je Fall im Jahr 2023.[2]

Psychische Erkrankungen sind somit keine Randerscheinung mehr, sondern zählen mittlerweile zu den häufigsten Ursachen für Arbeitsunfähigkeit.

Neben den psychischen Erkrankungen verursachten insbesondere Verletzungen (18,9 Tage je Fall), Herz-Kreislauf-Erkrankungen (18,3 Tage je Fall) sowie Muskel-Skelett-Erkrankungen (15,8 Tage je Fall) lange Ausfallzeiten. Auf diese vier Erkrankungsarten gingen 2023 bereits 61 % der durch Langzeitfälle (mehr als sechs Wochen) verursachten Fehlzeiten zurück. Die häufigste Einzeldiagnose, die im Jahr 2023 zu Arbeitsunfähigkeit führte, war die akute Infektion der oberen Atemwege mit 15,4 % der AU-Fälle und 7,8 % der AU-Tage[4].

Langzeiterkrankungen mit einer Dauer von mehr als sechs Wochen verursachten weit mehr als ein Drittel der Ausfalltage (39,3 %)[4] der AU-Tage.

▶   **Diese Entwicklungen wirken sich nicht nur auf das individuelle Wohlbefinden aus, sondern auch auf die betriebliche Produktivität und das gesamtwirtschaftliche Arbeitsvolumen.** Die wirtschaftlichen Folgen der zunehmenden psychischen Erkrankungen sind erheblich. Neben den direkten Kosten durch lange Fehlzeiten entstehen auch indirekte Kosten durch Präsentismus – also durch das Erscheinen am Arbeitsplatz trotz eingeschränkter Leistungsfähigkeit. Präsentismus führt nicht nur zu

---

[2]Badura, B., Ducki, A., Baumgardt, J., Meyer, M. & Schröder, H. (2024). *Fehlzeiten-Report 2024: Bindung und Gesundheit – Fachkräfte gewinnen und halten.* Springer-Verlag.

einer verringerten Produktivität, sondern kann auch gesundheitliche Verschlechterungen nach sich ziehen, die später zu noch längeren Ausfallzeiten führen.

Schätzungen der Bundesanstalt für Arbeitsschutz und Arbeitsmedizin zufolge verursachten im Jahr 2023 rund 886,2 Mio. AU-Tage volkswirtschaftliche Produktionsausfälle von 128 Mrd. € bzw. 221 Mrd. € Ausfall an Bruttowertschöpfung.[3] Je arbeitnehmende Person betrachtet ergibt sich ein Produktionsausfall in Höhe von 3037 €.[4]

Betriebliches Gesundheitsmanagement (BGM) wird wenig beigemessen
BGM umfasst Maßnahmen zur Förderung der Gesundheit und Leistungsfähigkeit von Mitarbeitern. Trotz zahlreicher wissenschaftlicher Belege für die positiven Effekte von BGM auf Produktivität, Mitarbeiterzufriedenheit und Fehlzeitenreduktion bleibt die Umsetzung in vielen Unternehmen unzureichend. Dies führt nicht nur zu vermeidbaren Kosten, sondern auch zu einem langfristigen Wettbewerbsnachteil. Viele Unternehmen investieren nur sporadisch oder gar nicht in BGM-Maßnahmen. Eine zentrale Ursache ist die kurzfristige Kosten-Nutzen-Betrachtung. Gesundheitsförderung wird oft als zusätzliche Belastung gesehen, anstatt als strategische Investition. Maßnahmen des betrieblichen Gesundheitsmanagements beschränken sich daher meist auf die für die Arbeitgeberseite verpflichtenden Bereiche Arbeitssicherheit, Arbeitsschutz, psychische Gefährdungsbeurteilung oder auf oftmals einzeln isolierte Maßnahmen aus dem freiwilligen Bereich der betrieblichen Gesundheitsförderung (BGF), wie beispielsweise ein Obstkorb oder der jährliche Gesundheitstag. Es ist zu beobachten, dass nicht strategisch in die Gesundheit investiert wird. Am häufigsten nutzen Firmen kostenfreie Sachleistungen oder Finanzleistungen der gesetzlichen Krankenkassen und anderer Sozialversicherungsträger.

Dazu kommt eine weitere Herausforderung für BGM-Verantwortliche: In immer mehr Unternehmen arbeiten Beschäftigte zumindest teilweise zu Hause. Diese Entwicklung zum mobilen, hybriden Arbeiten erfordert, dass Maßnahmen des Betrieblichen Gesundheitsmanagements und der Gesundheits-Benefits nicht nur an einen festen Ort gebunden sind, sondern individuell und flexibel der modernen Arbeitswelt erlebbar sind.

Fakt: Das BGM-Angebot ist meist geprägt von Aktionismus, fehlender Attraktivität und geringer Inanspruchnahme seitens der Belegschaft. Von vielen Mitarbeitern wird BGM/BGF-Maßnahmen daher keine oder eher geringe Bedeutung beigemessen. Folge: BGM-Bemühungen laufen ins Leere und verpuffen, Ressourcen werden verschwendet und Geld verbrannt.

---

[3] BAuA. *Zahlen | Daten | Fakten – Volkswirtschaftliche Kosten durch Arbeitsunfähigkeit.* Bundesanstalt für Arbeitsschutz und Arbeitsmedizin. Abgerufen am 21.04.2025, von https://www.baua.de/DE/Themen/Monitoring-Evaluation/Zahlen-Daten-Fakten/Kosten-der-Arbeitsunfaehigkeit.

[4] BMAS/BAuA. *Sicherheit und Gesundheit bei der Arbeit – Berichtsjahr 2023. Seite 39.*

Zunehmende Bedeutung der Angehörigenpflege: Während bislang vor allem krankheitsbedingte Fehlzeiten als zentrale Kostenfaktoren für Unternehmen galten, rückt nun ein weiterer, oft unterschätzter Aspekt in den Vordergrund: die steigende Pflegebedürftigkeit innerhalb der Gesellschaft und die damit einhergehende Belastung von Arbeitnehmern, die häusliche Pflegeaufgaben für ihre Angehörigen übernehmen.

Die Abb. 1.1 zeigt: Die Zahl der Pflegebedürftigen in Deutschland belief sich Ende 2023 auf rund 5,69 Mio. Menschen und hat sich damit gegenüber der Jahrtausendwende fast verdreifacht. Davon befinden sich 800.000 vollstationär in Heimen und 4,89 Mio.[5] (das entspricht knapp 86 % aller Pflegebedürftigen) werden zu Hause versorgt – durch Angehörige, die teilweise noch berufstätig sind.

Immer mehr Beschäftigte sehen sich gezwungen, neben ihrer beruflichen Tätigkeit auch Verantwortung für pflegebedürftige Familienmitglieder zu übernehmen. Jeder elfte Beschäftigte übernimmt neben seinem Beruf Verantwortung für eine pflegebedürftige Person. Diese Doppelbelastung, die Pflege von Angehörigen und ihren Beruf unter einen Hut zu bringen, wirkt sich nachweislich auf die Leistungsfähigkeit und Präsenz am Arbeitsplatz aus.

Studien und Praxisberichte zeigen, dass pflegende Angehörige deutlich häufiger durch Fehlzeiten auffallen und zugleich eine verringerte Produktivität aufweisen. Die emotionale und physische Beanspruchung, die mit der Pflege verbunden ist, lässt sich nicht vom Berufsalltag trennen – was letztlich auch Auswirkungen auf die Produktivität haben kann.

51 %[6] der in Teilzeit/stundenweise arbeitenden Erwerbstätigen, die Angehörige pflegen, haben ihre Arbeitszeit aufgrund der Übernahme der Angehörigenpflege reduziert.

Fakt: Jeder Ausfalltag belastet den Unternehmenserfolg, denn Fehlzeiten kosten dem Arbeitgeber viel Geld. Die Auswirkungen auf den wirtschaftlichen Erfolg von Unternehmen sind erheblich. Neben Produktivitätsverlusten und steigenden Kosten für Ersatzpersonal stellt sich die Herausforderung, langfristig tragfähige Strategien zur Gesundheitsförderung zu entwickeln. Arbeitgeber können sich vor diesem Thema nicht verschließen.

## 1.1.2	Arbeitsmarkt und demografischer Wandel

Der deutsche Arbeitsmarkt steht vor erheblichen Herausforderungen, die Arbeitgeber in nahezu allen Branchen und Hierarchieebenen betreffen. Ein zentrales Problem stellt der

---

[5] Statistisches Bundesamt. (18. Dezember, 2024). *Anzahl der zu Hause sowie in Heimen versorgten Pflegebedürftigen in Deutschland.* Statista. Abgerufen am 21.04.2025.

[6] Schwinger, A., & Zok, K. (2024). *Häusliche Pflege im Fokus: Eigenleistungen, Belastungen und finanzielle Aufwände (WIdO-monitor). Wissenschaftliches Institut der AOK (WIdO).*

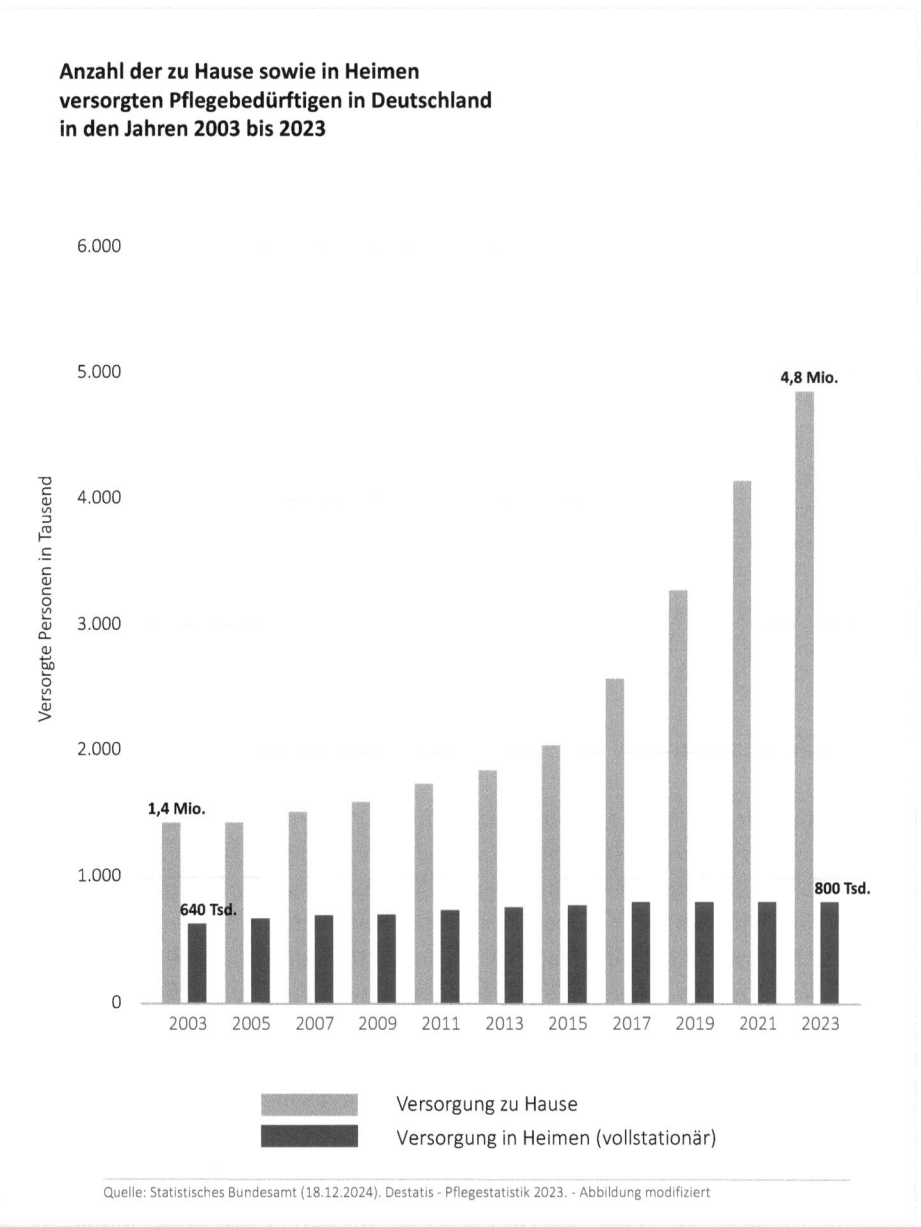

Abb. 1.1 Anzahl der zu Hause sowie in Heimen versorgten Pflegebedürftigen in Deutschland in den Jahren 2003 bis 2023. (Quelle: Statistisches Bundesamt (18.12.2024). Destatis. Pflegestatistik 2023 – Abbildung modifiziert)

anhaltende Fach- und Arbeitskräftemangel dar, der sich durch hohe Fluktuation, unbesetzte Stellen und verlängerte Vakanz-Zeiten manifestiert.

Die demografische Entwicklung verschärft diese Situation zusätzlich. Eine Analyse des Statistischen Bundesamtes zeigt: Die Lage von älteren Menschen auf dem Arbeitsmarkt hat sich in den vergangenen Jahren erheblich gewandelt. Die Erwerbsbeteiligung der 60- bis 64-Jährigen nahm so stark zu wie in keiner anderen Altersgruppe: Sie hat sich innerhalb von zehn Jahren von 50 % (2013) auf 65 % (2023) gesteigert. Aber auch jenseits des Renteneintrittsalters hat sich der Anteil der Erwerbstätigen in kurzer Zeit stark erhöht. Im Jahr 2013 arbeiteten noch 13 % der 65- bis 69-Jährigen, 2023 lag der Anteil bei 20 %.[7]

Die Generation Babyboomer, geboren zwischen 1955 und 1969, war die erste Nachkriegsgeneration und gehört zum geburtenreichsten Jahrgang. Mit den Lebensjahren steigt auch die Wahrscheinlichkeit, länger zu erkranken. Ältere Mitarbeiter sind zwar nicht wesentlich häufiger krank als jüngere, dafür aber längere Zeit. Sie weisen die größte Population aller Generationen auf und gehen nun peu à peu dem Arbeitsmarkt durch Verrentung verloren.

Laut Kalkulationen des Statistischen Bundesamts sollen bis 2036 rund 12,9 Mio. Erwerbspersonen aus dem Berufsleben ausscheiden. Das sind 30 % der dem Arbeitsmarkt derzeit zur Verfügung stehenden Fachkräfte. Dies wird in den nächsten Jahren branchenübergreifend zu großen Personalengpässen führen.

1.1.3   Personalmangel

In der Diskussion rund um die Arbeitsmarktpolitik dominieren der Fachkräftemangel und die Frage, ob der Gesellschaft grundsätzlich die Arbeitskräfte ausgehen. Betriebe haben mehr Stellen zu besetzen als Arbeitskräfte zur Verfügung stehen. Unternehmen erhalten auf Stellenausschreibungen keine oder nur wenige Bewerbungen.

Im Jahr 2024 waren der Bundesagentur für Arbeit (BA) durchschnittlich 693.676 freie Arbeitsstellen gemeldet. Am Arbeitsmarkt sind mehr offene Stellen als Bewerber vorhanden. Das betrifft alle Branchen. Von Unternehmen wird dies als eines der größten Geschäftsrisiken der Zukunft eingeschätzt. Denn: Diese Entwicklungen haben weitreichende Konsequenzen für Unternehmen. Unbesetzte Stellen führen nicht nur zu Produktions- und Dienstleistungsengpässen, sondern können auch die Innovationsfähigkeit und Wettbewerbsposition der Unternehmen beeinträchtigen. Zudem steigt der Druck auf die verbleibenden Mitarbeiter, was deren Arbeitsbelastung erhöht und potenziell zu weiteren Fluktuationen führen kann. Prognosen des Instituts der deutschen Wirtschaft (IW) unter-

---

[7] Statistisches Bundesamt (2023). *Erwerbstätigkeit älterer Menschen (Destatis), (2025),* Abgerufen am 21.04.2025, von https://www.destatis.de/Europa/DE/Thema/Bevoelkerung-Arbeit-Soziales/Arbeitsmarkt/Arbeiten_Rente.html?nn=21738.

streichen die zukünftigen Herausforderungen: Bis zum Jahr 2027 könnten in Deutschland rund 728.000 Fachkräfte fehlen.[8]

Lange Vakanzzeiten – also Zeiträume, in denen offene Stellen unbesetzt bleiben – stellen für Unternehmen eine ernstzunehmende Herausforderung dar. Diese Problematik betrifft nicht nur die unmittelbare Personalplanung, sondern wirkt sich umfassend auf betriebswirtschaftliche Prozesse, das Betriebsklima und die strategische Unternehmensentwicklung aus. Die damit verbundenen Vakanzkosten sind sowohl direkt als auch indirekt spürbar und können sich bei längerer Dauer erheblich summieren.

Je länger eine Position vakant bleibt, desto höher ist die Wahrscheinlichkeit, dass zentrale Aufgaben nicht oder nur unzureichend erledigt werden. Häufig werden diese Aufgaben interimistisch von anderen Mitarbeitern übernommen – eine Maßnahme, die in der Regel zu Überlastung, sinkender Motivation und einem erhöhten Stressniveau führt. Die Qualität der Arbeit kann dadurch ebenso leiden wie die Fehleranfälligkeit steigen. Besonders kritisch ist dies in Schlüsselpositionen, wo die Auswirkungen auf die betriebliche Effizienz und operative Stabilität besonders stark zum Tragen kommen.

Neben den offensichtlich höheren Rekrutierungskosten – etwa durch den Einsatz externer Personaldienstleister, Headhunter oder wiederholter Stellenausschreibungen – entstehen durch längere Vakanzen auch betriebliche Verluste. Hierzu zählen entgangene Umsätze durch verzögerte Projektumsetzungen, verpasste Geschäftsgelegenheiten sowie eine verminderte Servicequalität gegenüber Kunden. Insbesondere bei Unternehmen mit hoher Marktdynamik kann dies zu Wettbewerbsnachteilen führen.

Indirekt entstehen weitere Kosten durch sinkende Produktivität und zunehmende Unzufriedenheit im bestehenden Team. Eine dauerhaft hohe Arbeitsbelastung kann die Mitarbeiterbindung negativ beeinflussen und im Extremfall die Fluktuation erhöhen. Dies verstärkt die personelle Instabilität zusätzlich und führt unter Umständen zu einem sich selbst verstärkenden Negativtrend.

Ein weiterer kritischer Aspekt betrifft die Innovationsfähigkeit des Unternehmens. Offene Stellen in Entwicklungs-, IT- oder Führungsbereichen verzögern Entscheidungsprozesse, blockieren Projektfortschritte und bremsen die unternehmerische Agilität. In einem Umfeld, das zunehmend von Innovationsdruck geprägt ist, stellt dies ein erhebliches Risiko für die Zukunftsfähigkeit dar.

Darüber hinaus hat eine hohe Vakanzdauer auch Auswirkungen auf die Wahrnehmung der Arbeitgebermarke. Wenn Stellen über einen längeren Zeitraum unbesetzt bleiben, kann dies nach außen den Eindruck erwecken, das Unternehmen sei entweder nicht attraktiv genug für qualifizierte Fachkräfte oder habe strukturelle Defizite, die eine erfolgreiche Personalgewinnung erschweren. Diese negative Signalwirkung kann potenzielle Bewerber

---

[8] Institut der deutschen Wirtschaft. Pressemitteilung (2024, 9. August). *Bis zum Jahr 2027 könnten in Deutschland rund 728.000 Fachkräfte fehlen.* Abgerufen am 21.04.2025, von https://www.iwkoeln.de/presse/pressemitteilungen/alexander-burstedde-jurek-tiedemann-2027-fehlen-728000-fachkraefte-in-deutschland.html.

abschrecken und die Besetzungsproblematik weiter verschärfen – ein Teufelskreis, der nur schwer zu durchbrechen ist.

Fakt: In Zeiten zunehmenden Fachkräftemangels, demografischen Wandels und sich wandelnder Arbeitsmarktbedingungen rückt das Thema unbesetzter Stellen verstärkt in den Fokus betriebswirtschaftlicher Betrachtungen. Während Personalengpässe früher vor allem als temporäres oder operatives Problem innerhalb der Personalabteilung galten, haben sie sich heute zu einem strategischen Risiko für Unternehmen aller Größen und Branchen entwickelt. Unbesetzte Stellen manifestieren sich als vielschichtige Herausforderung mit weitreichenden ökonomischen Konsequenzen. Lange Vakanzzeiten stellen weit mehr als nur ein temporäres Personalproblem dar. Sie wirken sich auf die gesamte Organisation aus, sowohl operativ als auch finanziell durch signifikante direkte und indirekte Kosten. Für Unternehmen ist es daher essenziell, frühzeitig geeignete Maßnahmen zur Reduktion von Vakanzzeiten zu ergreifen.

1.2   Wertewandel in der Arbeitswelt

Wir erleben einen grundlegenden Wandel in der Gesellschaft, der tief in die Lebens- und Arbeitsbereiche eingreift. Gesellschaft und Arbeit befinden sich im Umbruch.

Unternehmen fordern von ihren Mitarbeitern zunehmend neue Kompetenzen, aber auch die Mitarbeiter haben veränderte Anforderungen an ihre Arbeitgeber. Vor allem die jungen Generationen haben heute andere Werte und Vorstellungen gegenüber der Arbeitswelt als die vorherigen Generationen. Jede Generation tritt für ihre eigenen Werte ein.

1.2.1   Generationenmix

Der heutige Arbeitsmarkt ist von einer bisher nie dagewesenen Generationenvielfalt geprägt. Mit der gleichzeitigen Präsenz von Babyboomern, der Generation X, den Millennials sowie der Generation Z treffen vier unterschiedliche Alterskohorten mit teils divergierenden Wertvorstellungen, Erwartungen und Arbeitsmotiven aufeinander. Jede Generation bringt ihre je eigenen prägenden Erfahrungen mit in die Arbeitswelt. Diese wirken sich direkt auf die Arbeitseinstellung und das Leistungsverständnis aus.

Babyboomer wuchsen in Zeiten des wirtschaftlichen Aufschwungs auf. Ihre Arbeitsmoral ist häufig durch hohen Einsatz und Loyalität geprägt. Werte wie Disziplin, Pflichtbewusstsein und eine hohe Präsenzkultur sind in dieser Generation stark verankert. Sie werden oft mit dem Begriff der "Workaholics" bezeichnet, denn sie betrachten den Beruf als zentrales Element des Lebens. Deren Glaubenssatz *„Leben, um zu arbeiten"* hat sich über die nächste Generation weiterentwickelt zu *„Arbeiten, um zu leben"* – bis hin zum Leitsatz der jüngsten Generation: *„Life-Work-Balance"* – *das heißt: „Leben & Arbeit sollen in einem gesunden Gleichgewicht stehen".*

Die Einhaltung von Pflicht- und Akzeptanzwerten oder Tugenden wie Disziplin, Gehorsam und Pflichterfüllung gilt als rückläufig. Selbstentfaltungswerte oder Werte wie Kreativität, Spontanität, Selbstverwirklichung und Ungebundenheit nehmen einen immer höheren Stellenwert ein.

▶ **Das gleichzeitige Management dieser unterschiedlichen Generationen stellt HR-Verantwortliche vor neue Aufgaben.** Eine generationensensible Personalpolitik muss gestaltet werden, die Wertschätzung über alle Altersgruppen hinweg sicherstellt, sowie Vergütungs- und Benefits-Systeme flexibilisiert, um den unterschiedlichen Bedürfnissen gerecht zu werden.

Wenn die Werte unterschiedlicher Generationen berücksichtigt werden, wirkt der Arbeitgeber auf dem Arbeitsmarkt attraktiv. Das persönliche Wohlbefinden der Mitarbeiter steigt.

> **Fakt:** Nur wer es schafft, generationenübergreifende Brücken zu bauen und unterschiedliche Lebensrealitäten wertzuschätzen, positioniert sich als attraktiver Arbeitgeber in einem zunehmend umkämpften Arbeitsmarkt. Ein generationenbewusstes HR-Management wird damit zum zentralen Erfolgsfaktor zukunftsfähiger Unternehmen.

1.2.2 Arbeitnehmermarkt

Wir befinden uns in einem klar ausgeprägten Arbeitnehmermarkt, der durch eine „Umkehr der Rollen" gekennzeichnet ist: Unternehmen stehen heute nicht mehr ausschließlich in der Position des Auswählenden, sondern zunehmend in der Rolle des Bewerbers. Jobsuchende – insbesondere qualifizierte Fachkräfte – haben die Möglichkeit, aus einer Vielzahl an Arbeitgebern zu wählen, was Unternehmen zwingt, ihre Strategien zur Mitarbeitergewinnung und -bindung grundlegend zu überdenken. Um Wunschkandidaten für sich zu gewinnen, müssen sie sich als attraktive Arbeitgeber präsentieren und überzeugende Anreize bieten.

Dieser Paradigmenwechsel vollzieht sich vor dem Hintergrund einer sich rasant wandelnden Arbeitswelt. In den letzten Jahren hat sich nicht nur das Angebot an Arbeitsplätzen verändert, sondern vor allem die Wertehaltungen und Erwartungen, die Arbeitnehmer an Unternehmen richten.

Es ist ein Wandel von Pflicht- und Akzeptanzwerten hin zu Selbstentfaltungswerten zu beobachten. Insbesondere soziale, mitarbeiterbezogene Faktoren – sogenannte „weiche" Rahmenbedingungen – rücken in den Vordergrund: flexible Arbeitszeiten, Home-Office-Möglichkeiten, eine Vier-Tage-Woche, Mitsprache bei Entscheidungen sowie eine Unternehmenskultur, die sich durch Transparenz, flache Hierarchien und Fürsorge auszeichnet.

Hinzu kommt, dass die demografische Entwicklung den Wettbewerb um Arbeitskräfte weiter verschärfen wird. Die Zahl der verfügbaren Arbeitskräfte sinkt kontinuierlich, was die Bedeutung einer langfristigen Bindung bestehender Mitarbeiter – insbesondere älterer Beschäftigter – zusätzlich unterstreicht. Ihre Erfahrung und ihr Wissen stellen ein wertvolles Potenzial dar, das es zu sichern und zu fördern gilt.

Für Unternehmen resultieren daraus erhebliche personalpolitische Herausforderungen. Die hohe Wechselbereitschaft, geringere Loyalität und gestiegene Ansprüche des Personals erfordern neue Ansätze im Employer Branding, in der Mitarbeiterführung und in der Ausgestaltung von Arbeitsbedingungen. Arbeitgeber müssen aktiv um Fachkräfte werben und Benefits bieten, die über das Gehalt hinausgehen. Unternehmen, die diese Erwartungen nicht erfüllen, könnten Schwierigkeiten bei der Mitarbeiterfindung begegnen und erhöhen das Fluktuationsrisiko der vorhandenen Belegschaft.

1.2.3   New Work – das neue Normal

Der Begriff „New Work" ist gegenwärtig eines der zentralen Schlagworte in der arbeitswissenschaftlichen Debatte. Er steht sinnbildlich für die tiefgreifenden Veränderungen in der Arbeitswelt und für die Notwendigkeit, Arbeit im Kontext gesellschaftlicher und wirtschaftlicher Entwicklungen neu zu gestalten. Dabei greifen verschiedene Veränderungstreiber ineinander: der demografische Wandel, die fortschreitende Globalisierung sowie ein grundlegender Wandel von Werten prägen die Diskussion um die Zukunft der Arbeit. Diese Entwicklungen stellen das Human Resource Management vor vielschichtige personalpolitische Herausforderungen.

New Work ist mehr als ein modischer Begriff – es markiert einen Paradigmenwechsel in der Arbeitsorganisation. Klassische Strukturen, autoritäre Hierarchien und starre Rollenbilder werden zunehmend abgelöst durch flexible, individuelle und menschenzentrierte Arbeitsmodelle. Unternehmen, die sich als New-Work-Arbeitgeber verstehen, haben sich bewusst vom traditionellen Denken verabschiedet. Sie setzen auf ein werteorientiertes Miteinander. Individualisierung und Gleichberechtigung gewinnen dabei im Vergleich zur klassischen Organisation deutlich an Bedeutung.

Für das Personalmanagement ergeben sich daraus komplexe Aufgaben. Einerseits müssen HR-Abteilungen Rahmenbedingungen schaffen, die den Anforderungen von New Work gerecht werden, andererseits gilt es, neue Wertewelten in bestehende Unternehmenskulturen zu integrieren. Dies betrifft unter anderem die Art und Weise, wie Arbeit entlohnt wird. So werden im Zuge von New Work zunehmend alternative Vergütungsmodelle diskutiert. Der Sammelbegriff „New Pay" umfasst neu gedachte Entlohnungsmodelle, die klassische Gehaltsstrukturen infrage stellen. Dabei geht es nicht allein um monetäre Vergütung, sondern auch um Anerkennung, Wertschätzung und nachhaltigen Benefits in der Personalpolitik.

Die Rolle von HR wandelt sich ebenfalls: Personalverantwortliche agieren vermehrt als Wertekulturgestalter.

> **Fakt:** New Work etabliert sich als das „neue Normal" und hat sich zu einem prägenden Leitbild moderner Arbeitswelten entwickelt. Insgesamt verlangt New Work ein Umdenken in der Personalpolitik. Der Mensch rückt stärker in den Fokus. Unternehmen, die diesen Wandel aktiv gestalten, sichern nicht nur ihre Zukunftsfähigkeit, sondern auch ihre Attraktivität als Arbeitgeber in einem zunehmend dynamischen und wertebewussten Arbeitsumfeld.

1.2.4   Zunehmender Fokus auf Nachhaltigkeit

Die zunehmende Bedeutung des nachhaltigen Wirtschaftens stellt Unternehmen vor eine Vielzahl von Herausforderungen, insbesondere im Hinblick auf die Anpassung ihrer Personalpolitik und die Berichterstattung zu Nachhaltigkeitsthemen. Angesichts der steigenden Relevanz von ökologischen, sozialen und ökonomischen Aspekten müssen Unternehmen nicht nur Nachhaltigkeitsinitiativen entwickeln und umsetzen, sondern diese auch transparent und umfassend kommunizieren. Die Anforderungen an eine solche Berichterstattung sind in den letzten Jahren stetig gewachsen.

In Deutschland setzt der Deutsche Nachhaltigkeitskodex (DNK) Unternehmen unter Druck, ihre Nachhaltigkeitsaktivitäten detailliert darzustellen. Ergänzt wird dies durch europäische Regelungen wie die Corporate Sustainability Reporting (CSR)-Richtlinien, die mehr Unternehmen zur Offenlegung ihrer Nachhaltigkeitsleistungen verpflichten. Diese Verpflichtungen betreffen zunehmend auch kleinere und mittlere Unternehmen, die bislang nicht unter die Berichterstattungspflichten fielen.

Die Herausforderung liegt dabei nicht nur in der Umsetzung nachhaltiger Maßnahmen, sondern auch in der kontinuierlichen Anpassung der Unternehmensstrategie an die wachsenden Erwartungen von Mitarbeitern, Stakeholdern und der Gesellschaft.

Zwei Drittel (66 %)[9] der Beschäftigten in Deutschland finden es wichtig, dass das Thema Nachhaltigkeit bei ihrem Arbeitgeber einen hohen Stellenwert hat. Das ist das Ergebnis einer Studie der Recruiting-Plattform The Stepstone Group der befragten Talente

---

[9] The Stepstone Group. (2024, 10. Oktober). *Studie: Drei von vier Beschäftigten würden sich eher bei nachhaltigen Unternehmen bewerben.* Abgerufen am 21.04.2025, von https://www.thestepstonegroup.com/deutsch/newsroom/pressemitteilungen/studie-drei-von-vier-beschaeftigten-wuerden-sich-eher-bei-nachhaltigen-unternehmen-bewerben/.

sich weigern würden, in einem Unternehmen zu arbeiten, das sich nicht aktiv für Nachhaltigkeit einsetzt. Dieser Trend verdeutlicht, dass Nachhaltigkeit für die zukünftigen Fachkräfte eine zunehmend zentrale Rolle spielt.

Fakt: Unternehmen, die Nachhaltigkeit und gesellschaftliche Verantwortung vernachlässigen, laufen Gefahr, wertvolle Talente zu verlieren und im Wettbewerb um Fachkräfte ins Hintertreffen zu geraten.

1.2.5   Gehalt ist nicht genug

In der heutigen Arbeitswelt unterliegen Benefits und Zusatzleistungen einem tiefgreifenden Wandel, der Personalverantwortliche vor neue strategische Herausforderungen stellt. Dieser Wandel ist nicht nur durch äußere wirtschaftliche Rahmenbedingungen wie steigende Lebenshaltungskosten und eine anhaltend hohe Inflation getrieben, sondern auch durch einen fundamentalen Wertewandel innerhalb der Gesellschaft. Unternehmen sehen sich daher zunehmend gezwungen, ihre personalpolitischen Instrumente zu überdenken und innovative Benefit-Konzepte zu entwickeln, die über traditionelle Modelle hinausgehen.

Klassische Zusatzleistungen wie Dienstwagen, Diensthandy oder vermögenswirksame Leistungen reichen im Wettbewerb um hoch qualifizierte Fachkräfte längst nicht mehr aus. Talente suchen Arbeitsplätze, die nicht nur eine wettbewerbsfähige Vergütung bieten, sondern vor allem eine hohe Übereinstimmung zwischen den eigenen Wertvorstellungen und denen des Unternehmens aufweisen. Vergütung bleibt wichtig, doch es geht längst nicht mehr allein um die Höhe des Gehalts. Im Fokus stehen heute flexible Arbeitsmodelle, Angebote zur Förderung von Gesundheit und Wohlbefinden, finanzielle Entlastungen und Unterstützungsleistungen, sowie gezielte Maßnahmen zur besseren Vereinbarkeit von Berufs- und Privatleben. Dabei gewinnt insbesondere eine sozialverantwortliche Ausrichtung an Bedeutung: Benefits, die individuell und flexibel jedem zugutekommen, zusätzlich im Einklang mit ökologischen und gesellschaftlichen Zielen stehen, erhöhen die Attraktivität des Arbeitgebers in den Augen der neuen Generationen.

Unternehmen, die es versäumen, ihre Benefits an diese veränderten Anforderungen anzupassen, riskieren nicht nur den Verlust potenzieller Talente an die Konkurrenz, sondern auch eine schwindende Loyalität und Motivation innerhalb der bestehenden Belegschaft. Besonders in Zeiten des Fachkräftemangels und einer demografisch bedingten Verknappung qualifizierter Bewerber gewinnt die differenzierende Kraft innovativer Zusatzleistungen zunehmend an Bedeutung. Es gilt, individuelle und flexible Lösungen zu entwickeln, die sowohl den persönlichen Bedürfnissen der Mitarbeiter als auch den wirtschaftlichen Möglichkeiten des Unternehmens gerecht werden.

Die zentrale personalpolitische Herausforderung besteht somit darin, Benefits als strategisches Steuerungsinstrument zu begreifen – als ein Mittel, das nicht nur kurzfristige Anreize schafft, sondern dauerhaft zur Positionierung als attraktiver Arbeitgeber beiträgt.

> **Fakt:** Nur wer bereit ist, den Wandel aktiv mitzugestalten und innovative Benefits als strategisches Element moderner Personalarbeit zu begreifen, wird den Anforderungen der Zukunft gerecht. Alle anderen manövrieren sich früher oder später in eine Sackgasse und überlassen die besten Talente jenen Mitbewerbern, die Wandel als Chance verstehen.

1.2.6   Arbeitsunlust und Impulskündigung

Eine weitere Herausforderung für Unternehmen ergibt sich aus der zunehmenden „Ausweichung von Anstrengung" – einem Phänomen, das eng mit einer neuen Haltung gegenüber Leistung, Arbeit und traditionellen Tugenden wie Fleiß, Durchhaltevermögen und Loyalität verknüpft ist. Diese Tugenden, die lange Zeit als Grundpfeiler der industriellen und postindustriellen Arbeitskultur galten, verlieren zunehmend an Relevanz. Stattdessen etabliert sich ein Wertegerüst, das persönliche Präferenzen, individuelle Freiheit und kurzfristige Bedürfnisbefriedigung in den Vordergrund rückt.

Die jüngere Generation kommuniziert ihre Vorstellungen und Grenzen im Arbeitskontext offensiver und zeigt eine deutlich geringere Bereitschaft, berufliche Anstrengungen in Kauf zu nehmen, wenn diese nicht unmittelbar als sinnstiftend oder lohnend empfunden werden. Das Konzept der langfristigen Bindung an ein Unternehmen weicht einer Haltung, die stärker von situativen Faktoren und emotionalen Reaktionen geprägt ist. Kündigungen erfolgen nicht selten impulsiv – oftmals bei Erreichen eines gewissen Frustrationsniveaus und ohne gesicherte Anschlussperspektive. Diese Entwicklung wird durch die verbreitete Annahme gestützt, dass der Staat im Bedarfsfall finanziell absichert und individuelle Krisen abfedert. In der Konsequenz verliert das Prinzip der Eigenverantwortung an Bedeutung – ein Umstand, der sowohl auf individueller als auch auf gesamtgesellschaftlicher Ebene problematisch ist.

Für Betriebe stellt diese veränderte Arbeitseinstellung eine doppelte Herausforderung dar: Einerseits müssen sie attraktive Arbeitsumfelder schaffen, um qualifizierte Mitarbeiter überhaupt noch langfristig binden zu können. Andererseits sind sie gefordert, neue Wege zu finden, um Motivation, Leistungsbereitschaft und Verantwortungsbewusstsein zu fördern. Klassische Führungsinstrumente stoßen hierbei zunehmend an ihre Grenzen, da sie häufig auf einer impliziten Übereinkunft über gemeinsame Leistungsnormen beruhen – Normen, die heute nicht mehr selbstverständlich vorausgesetzt werden können.

Die Personalpolitik muss sich daher nicht nur operativ, sondern auch strategisch neu ausrichten. Es gilt, generationsspezifische Bedürfnisse ernst zu nehmen, ohne das

Leistungsprinzip aus den Augen zu verlieren. Flexible Arbeitsmodelle, partizipative Führungsstile und eine wertschätzende Unternehmenskultur gewinnen ebenso an Bedeutung wie die Förderung von Resilienz und Eigenverantwortung. Gleichzeitig kann die Vermittlung dieser Werte nicht allein in der Arbeitswelt stattfinden. Bereits im Elternhaus und in der Schule müssen Grundlagen gelegt werden, die eine Balance zwischen individueller Selbstverwirklichung und gesellschaftlicher Verantwortung fördern. Bildungseinrichtungen und Familien tragen hierbei eine Schlüsselverantwortung, um jungen Menschen ein Wertefundament zu vermitteln, dass sowohl traditionelle als auch moderne gesellschaftliche Normen integriert.

▶ **Der Wertewandel in der Arbeitswelt ist längst kein rein unternehmerisches oder bildungspolitisches Thema mehr – er beginnt weit früher, oft unscheinbar und im Stillen: im Elternhaus.** Die Grundlagen für Arbeitsmotivation, Leistungsbereitschaft, Selbstverantwortung und Durchhaltevermögen werden nicht erst in Schule oder Ausbildung gelegt, sondern in den frühen Jahren familiärer Sozialisation. Hier zeigt sich eine entscheidende Verantwortung der Eltern: Sie prägen mit ihrer Haltung zur Leistung, zu Frustrationstoleranz und zur Selbstständigkeit maßgeblich die Persönlichkeitsentwicklung ihrer Kinder – und damit letztlich deren spätere Arbeitsfähigkeit und Integrationsbereitschaft in die Erwerbswelt.

In einer Zeit, in der Begriffe wie Work-Life-Balance, Selbstverwirklichung und Sinnstiftung im Berufsleben an Bedeutung gewinnen, darf nicht übersehen werden, dass diese Werte nicht im luftleeren Raum stehen. Sie entfalten ihr Potenzial nur dort, wo auch Pflichten anerkannt, Anforderungen akzeptiert und Leistungsbereitschaft als Teil eines größeren Ganzen verstanden werden. Wenn jedoch Erziehung zunehmend einem „Weichspülprogramm" gleicht, in dem Kinder vor jeder Anstrengung, jedem Konflikt und jeder Enttäuschung bewahrt werden, dann wächst eine Generation heran, die mit der Realität von Verantwortung und Belastung schwer zurechtkommt.

In diesem Zusammenhang sind Begriffe wie „Helikoptereltern" oder „Rasenmähereltern" nicht nur polemische Schlagworte, sondern Ausdruck einer tiefgreifenden Problematik. Während Helikoptereltern überfürsorglich kreisen, jedes Hindernis vorausahnen und im Zweifel selbst erledigen, was das Kind allein tun sollte, ebnen Rasenmähereltern jedes mögliche Hindernis im Vorfeld radikal aus. Beiden gemeinsam ist das Ziel, dem Kind jegliche Form von Schmerz, Frust oder Misserfolg zu ersparen. Doch gut gemeint ist nicht immer gut gemacht – diese Haltung führt unweigerlich dazu, dass Kinder keine Gelegenheit bekommen, Kompetenzen wie Resilienz, Konfliktfähigkeit oder Selbstverantwortung zu entwickeln. Genau diese Fähigkeiten sind jedoch essenziell für ein gelingendes Berufsleben in einer sich stetig wandelnden Arbeitswelt.

Eltern tragen somit eine weitreichende Verantwortung. Sie bereiten ihre Kinder nicht nur auf schulische Anforderungen, sondern auch auf die Anforderungen einer modernen Arbeitswelt vor – ob bewusst oder unbewusst. Die Berufswelt braucht keine unverwundbaren Perfektionisten, aber sie braucht belastbare, lernbereite, selbstständig denkende Menschen, die in der Lage sind, mit Rückschlägen umzugehen und Verantwortung zu übernehmen. Genau hier liegt die Herausforderung moderner Erziehung: Kindern Raum zu geben, eigene Erfahrungen zu machen, auch mal zu scheitern – und dennoch an sich zu glauben.

Ein Appell an die Eltern ist daher unumgänglich: Kinder brauchen keine rundum betreute Komfortzone, sondern eine Erziehung, die ihnen zumutet, auch mal durchzuhalten, sich anzustrengen und Verantwortung zu übernehmen. Nicht als Selbstzweck, sondern als Vorbereitung auf ein Leben, das nicht immer bequem, aber sehr wohl erfüllend sein kann – wenn man gelernt hat, mit den Anforderungen umzugehen. Die Arbeitswelt der Zukunft verlangt nicht weniger. Und die Gesellschaft als Ganzes profitiert von jungen Menschen, die gelernt haben, dass Leistung kein Makel, sondern eine Form der Teilhabe ist.

Auch die Politik ist gefordert, Rahmenbedingungen zu schaffen, die eine Rückbesinnung auf eine leistungsorientierte Gesellschaft begünstigen. Dies bedeutet nicht die Rückkehr zu überholten Leistungsdoktrinen, sondern vielmehr die Förderung einer neuen, reflektierten Leistungskultur, die Eigenverantwortung und Gemeinwohlorientierung miteinander verbindet. Der provokante Appell „Vater Staat ist nicht dein Erziehungsberechtigter!" bringt die Notwendigkeit auf den Punkt, staatliche Fürsorge mit einer klaren Erwartung an individuelle Mitwirkung zu verknüpfen.

Fakt: Letztlich ist der langfristige Wohlstand einer Gesellschaft untrennbar mit einer Kultur der Leistung, Zielstrebigkeit und Verantwortungsübernahme verbunden. Diese Kultur zu stärken, ist eine gesamtgesellschaftliche Aufgabe, an der Unternehmen, Bildungsträger, Familien und politische Akteure gleichermaßen beteiligt sind. Nur wenn es gelingt, neue Wertewelten mit bewährten Prinzipien zu verbinden, kann eine zukunftsfähige Arbeitsgesellschaft entstehen.

1.2.7 Wachsende Frustration der Arbeitgeber

Die moderne Personalarbeit ist geprägt von einer stetig wachsenden Komplexität. Arbeitgeber und Personalverantwortliche stehen unter immensem Druck, zahlreiche Herausforderungen gleichzeitig zu bewältigen: der Fachkräftemangel, steigende Lohn- und Sozialkosten, hohe regulatorische Anforderungen sowie veränderte Erwartungen der Belegschaft an Arbeitsbedingungen, Benefits und Unternehmenskultur.

▶   **Viele Arbeitgeber fühlen sich zunehmend überfordert und frustriert.** Neben ihrer wirtschaftlichen Verantwortung tragen sie das volle unternehmerische Risiko – ein Risiko, das viele Unternehmer nicht mehr allein schultern wollen und können.

Die Erwartungshaltung vieler Arbeitnehmer ist extrem hoch: bessere Vergütung, flexiblere Arbeitszeiten, umfangreiche Zusatzleistungen und gleichzeitig größtmögliche Sicherheit. Doch der Gegenwert in Form von Leistung, Engagement und Loyalität scheint nicht immer im gleichen Maß zurückzukommen.

Ein Beispiel aus der Praxis verdeutlicht diesen Punkt: Ein Arbeitgeber berichtete, wie er auf Gehaltsforderungen aus der Belegschaft reagiert. Seine Antwort: *„Ich zahle dir 100 % Gehalt für 100 % Leistung. Wenn du mehr als 100 % Gehalt willst – was bist du bereit, dafür mehr zu leisten?“* Diese Haltung bringt auf den Punkt, woran es oft fehlt: an einem beidseitigen Verständnis für Leistung und Gegenleistung. Denn Gehalt ist keine einseitige Wohltat, sondern Teil eines fairen Austauschs.

Einige Unternehmen stehen mittlerweile an einem Punkt der Resignation: *„Was sollen wir als Unternehmer denn noch alles tun, damit das Personal auch uns als Arbeitgeber mal wertschätzt?“*. **Diese Entwicklung birgt Risiken – nicht nur für Arbeitgeber, sondern für die gesamte Wirtschaft. Denn wenn Unternehmen unter der Last der Anforderungen zusammenbrechen oder ihre Motivation verlieren, gibt es keine Arbeitgeber mehr – und damit auch keine Arbeitsplätze.**

▶   **Daher richtet sich ein klarer Appell an Arbeitnehmer:** Wertschätzung ist keine Einbahnstraße. Ein gesundes und nachhaltiges Arbeitsumfeld basiert auf Gegenseitigkeit – auf einem fairen Austausch von Erwartungen und Leistungen, bei dem sowohl Arbeitgeber als auch Arbeitnehmer ihren Beitrag leisten. Nur so kann eine langfristige und stabile Zusammenarbeit gewährleistet werden.

1.3   Fazit des Kapitels

Das Kapitel hat die vielschichtigen Herausforderungen beleuchtet, mit denen Unternehmen in Deutschland konfrontiert sind und hat gezeigt, in welch unruhigem Fahrwasser sich die Wirtschaft befindet. Angesichts der aktuellen globalen und nationalen Krisen – wie wirtschaftlichen Unsicherheiten, dem Fachkräftemangel und strukturellen Veränderungen – befindet sich die Unternehmenslandschaft in einer schwierigen Lage. Die finanziellen Belastungen durch steigende Kosten und regulatorische Anforderungen werden durch die Notwendigkeit verstärkt, vorausschauend zu agieren und in die langfristige Stabilität der Unternehmen zu investieren.

Die Auswirkungen der Herausforderungen sind erheblich: Unternehmen kämpfen mit Produktivitätsverlusten, steigenden Ausgaben für Ersatzpersonal und der Notwendigkeit, tragfähige Gesundheitsstrategien zu entwickeln, um Ausfalltage zu minimieren. Ebenso problematisch ist der Fachkräftemangel, der sich durch hohe Fluktuation und lange Vakanzzeiten manifestiert. Dies führt nicht nur zu operativen Schwierigkeiten, sondern verursacht auch erhebliche direkte und indirekte Kosten. Unbesetzte Stellen sind heute nicht mehr nur ein temporäres Problem der Personalabteilung, sondern ein strategisches Risiko, das weitreichende ökonomische Konsequenzen nach sich zieht.

Ein weiterer Aspekt, der zunehmend an Bedeutung gewinnt, ist der Wertewandel in der Arbeitswelt. Der demografische Wandel und die Veränderungen im Arbeitsmarkt erfordern ein Umdenken in der Personalstrategie. Ein generationenbewusstes HR-Management wird somit zu einem zentralen Erfolgsfaktor für die Zukunftsfähigkeit von Unternehmen.

In Zeiten von New Work und New Pay müssen Unternehmen neue Ansätze im Employer Branding und der Gestaltung von Arbeitsbedingungen entwickeln. Die gestiegenen Erwartungen der Mitarbeiter an Work-Life-Balance, Flexibilität und soziale Verantwortung verlangen von Arbeitgebern, über das Gehalt hinauszugehen. Nur wer in der Lage ist, innovative Benefits anzubieten und den Wandel aktiv mitzugestalten, wird im Wettbewerb um Fachkräfte bestehen können. Unternehmen, die Nachhaltigkeit und gesellschaftliche Verantwortung vernachlässigen, laufen Gefahr, wertvolle Talente zu verlieren.

Es lässt sich festhalten, dass Unternehmen in einem Umfeld voller Herausforderungen stehen, in dem die kontinuierliche Anpassung an sich wandelnde Bedingungen und die Entwicklung nachhaltiger Personalstrategien entscheidend sind. Ein gesundes und nachhaltiges Arbeitsumfeld, das auf gegenseitigem Respekt und Wertschätzung basiert, ist die Grundlage für eine langfristige und stabile Zusammenarbeit.

Unternehmen müssen gezielt in ihre Strukturen, Prozesse und in die Arbeitsbedingungen investieren, um diesen Entwicklungen entgegenzuwirken. Eine nachhaltige Personal- und Kostenstrategie sowie eine hohe Anpassungsfähigkeit und Innovationskraft sind entscheidend, um langfristig erfolgreich zu bleiben.

> **Fakt:** Die Herausforderungen sind bei den meisten Unternehmen bereits zu chronischen HR-Belastungen geworden und spitzen sich weiter zu. Es ist keine Trendumkehr in Sicht. Diese Entwicklungen haben tiefgreifende Auswirkungen auf Arbeitgeber und Arbeitnehmer gleichermaßen.

▶ **Das lässt alle Alarmglocken schrillen und kann HR nicht kalt lassen.** Schon immer war alles im Wandel, aber heute dreht sich das Rad immer schneller. Die Arbeit von Human Resource Management ist in ihrer Bedeutung stark gestiegen. Von HR wird derzeit viel verlangt. Die anstehende Personalarbeit hat maßgeblichen Einfluss auf den Erfolg oder Misserfolg bei der Erreichung der Unternehmensziele. Neue Strategien sind erforderlich, doch Personalverantwortliche wissen oftmals nicht, wo sie anfangen sollen.

Das folgende Kapitel gibt lösungsorientierte Impulse werteorientierter Personalarbeit.

Literatur

Badura, B., Ducki, A., Baumgardt, J., Meyer, M., & Schröder, H. (2024). *Fehlzeiten-Report 2024: Bindung und Gesundheit – Fachkräfte gewinnen und halten* (Kapitel 21.1). Springer.

BAuA. (2023). *Volkswirtschaftliche Kosten durch Arbeitsunfähigkeit.* Bundesanstalt für Arbeitsschutz und Arbeitsmedizin. https://www.baua.de/DE/Themen/Monitoring-Evaluation/Zahlen-Daten-Fakten/Kosten-der-Arbeitsunfaehigkeit. Zugegriffen am 21.04.2025.

BMAS/BAuA. (2023). *Sicherheit und Gesundheit bei der Arbeit (Berichtsjahr 2023)* (S. 39). Bundesanstalt für Arbeitsschutz und Arbeitsmedizin. https://doi.org/10.21934/baua:bericht20240912

Institut der deutschen Wirtschaft. Pressemitteilung. (2024, August 09). *Bis zum Jahr 2027 könnten in Deutschland rund 728.000 Fachkräfte fehlen.* https://www.iwkoeln.de/presse/pressemitteilungen/alexander-burstedde-jurek-tiedemann-2027-fehlen-728000-fachkraefte-in-deutschland.html. Zugegriffen am 21.04.2025.

Schwinger, A., & Zok, K. (2024). *Häusliche Pflege im Fokus: Eigenleistungen, Belastungen und finanzielle Aufwände (WIdO-monitor).* Wissenschaftliches Institut der AOK (WIdO).

The Stepstone Group. (2024, Oktober 10). *Studie: Drei von vier Beschäftigten würden sich eher bei nachhaltigen Unternehmen bewerben.* https://www.thestepstonegroup.com/deutsch/newsroom/pressemitteilungen/studie-drei-von-vier-beschaeftigten-wuerden-sich-eher-bei-nachhaltigen-unternehmen-bewerben/. Zugegriffen am 21.04.2025.

Werteorientierte Personalarbeit

2

Inhaltsverzeichnis

Zusammenfassung

In Zeiten wachsender Fachkräfteknappheit, steigender Gesundheitskosten und demografischen Wandels gewinnt eine werteorientierte Personalarbeit an strategischer Bedeutung. Dieses Fachbuchkapitel zeigt, wie Unternehmen durch betriebliche Kranken- und Pflegeversicherungen (bKV/bPV) nicht nur Gesundheit und Zufriedenheit ihrer Mitarbeiter stärken, sondern auch ihre Wettbewerbsfähigkeit sichern. Die betriebliche Krankenversicherung etabliert sich dabei als erlebbarer Benefit mit hohem emotionalem und wirtschaftlichem Mehrwert. Besonders das flexible Budgetmodell revolutioniert die Gesundheitsvorsorge im Betrieb. Ergänzt durch arbeits- und steuerrechtliche Hinweise sowie die Integration der Pflegevorsorge wird die bKV zur Schlüsselmaßnahme moderner Personalpolitik. Wertschätzung wird so konkret, erlebbar – und zum Erfolgsfaktor.

© Der/die Autor(en), exklusiv lizenziert an Springer Fachmedien Wiesbaden 21
GmbH, ein Teil von Springer Nature 2025
M. Scherbaum, *Ökonomischer Erfolgsfaktor betriebliche Krankenversicherung*,
https://doi.org/10.1007/978-3-658-48924-3_2

In einer zunehmend dynamischen und komplexen Geschäftswelt stehen Unternehmen vor der Herausforderung, sich nicht nur als attraktive Arbeitgeber zu positionieren, sondern auch ihre Personalstrategien und Arbeitsbedingungen nachhaltig neu auszurichten. Angesichts der in Kap. 1 beschriebenen Herausforderungen – wie steigenden Kosten, demografischen Veränderungen und einem immer intensiveren Wettbewerb um Fachkräfte – ist es für Arbeitgeber von zentraler Bedeutung, aktiv zu handeln. **Personalverantwortliche sind keineswegs gezwungen, tatenlos zuzusehen. Vielmehr besteht ein dringender Handlungsbedarf, um den steigenden Kosten und den damit verbundenen Problemen gezielt entgegenzuwirken.**

Die Lösung liegt in einer werte-orientierten Personalarbeit, die sowohl die Bindung und Zufriedenheit der Mitarbeiter fördert als auch die Kosten im Personalbereich langfristig senkt. Unternehmen müssen eine Personalpolitik entwickeln, die nicht nur auf kurzfristige Effizienz ausgerichtet ist, sondern auch auf nachhaltige, zukunftsorientierte Maßnahmen setzt. Hierzu gehört die Schaffung von Arbeitsbedingungen, die sowohl die Produktivität als auch die Mitarbeitergesundheit fördern und gleichzeitig die Wettbewerbsfähigkeit des Unternehmens aufrechterhalten. In diesem Kontext gewinnt die betriebliche Krankenversicherung (bKV) immer mehr an Bedeutung, da sie nicht nur als Gesundheitsmaßnahme, sondern auch als strategisches Instrument der Wertschätzung verstanden wird.

Gesunde Mitarbeiter sind leistungsfähiger und bleiben länger im Unternehmen. Dies führt nicht nur zu einer geringeren Krankheitsquote, sondern auch zu einer gesteigerten Produktivität und einer positiven Unternehmenskultur. Unternehmen, die in die Gesundheit ihrer Mitarbeiter investieren, zeigen nicht nur soziale Verantwortung, sondern steigern gleichzeitig ihre eigene wirtschaftliche Wertschöpfung. Ein gesundes und motiviertes Team ist der Schlüssel zum Erfolg in einem hart umkämpften Markt. Dabei wird die bKV als ein Wertschätzungsinstrument erkennbar, das direkt und spürbar Mehrwert für alle Beteiligten schafft und somit einen entscheidenden Beitrag zur Unternehmensstabilität leistet.

Die junge Generation, die heute verstärkt auf den Arbeitsmarkt tritt, legt besonderen Wert auf eine werteorientierte Unternehmenskultur. Sie erwarten nicht nur eine faire Vergütung, sondern auch Anerkennung und Wertschätzung auf allen Ebenen. Ein bloßes „Danke" oder ein unpersönliches Lob reicht nicht aus – echte Wertschätzung muss tief im Unternehmen verankert sein. Insbesondere das unternehmensspezifische Vergütungs- und Benefitsystem spielt hier eine zentrale Rolle. Wertschätzung bedeutet, den Wert der Belegschaft zu erkennen und diesen auch sichtbar zu machen. Ein Beispiel hierfür ist die betriebliche Krankenversicherung, die als Zeichen der Wertschätzung gegenüber den Mitarbeitern verstanden wird und gleichzeitig den Unternehmenserfolg positiv beeinflusst.

Durch die Integration von Gesundheitsmaßnahmen wie der bKV in die Unternehmenskultur wird nicht nur die Wertschätzung der Mitarbeiter unterstrichen, sondern auch eine nachhaltige Bindung und Motivation der Belegschaft erreicht. **Wertschätzung ist die beste Medizin – sie trägt dazu bei, die Mitarbeiterzufriedenheit zu steigern und die Mitarbeitergesundheit zu fördern. In einer Zeit, in der Unternehmen ständig mit** dem Wettbewerb um Fachkräfte und steigenden Anforderungen konfrontiert sind, wird es für Arbeitgeber immer wichtiger, solche Werte aktiv zu leben und in ihre Personalstrategien zu integrieren.

Fakt: Die wertebasierte Personalarbeit ist somit mehr als nur eine Maßnahme zur Kostenreduktion – sie ist ein zukunftsweisender Ansatz, der Unternehmen dabei unterstützt, langfristig wettbewerbsfähig zu bleiben und gleichzeitig eine hohe Mitarbeiterzufriedenheit und -bindung zu gewährleisten.

2.1   Betriebliche Krankenversicherung für wirtschaftlichen Erfolg von Unternehmen

In einem Arbeitsumfeld, das zunehmend von Fürsorge und sozialer Verantwortung geprägt ist, stellt die arbeitgeberfinanzierte bKV nicht nur einen finanziellen, sondern vor allem auch einen emotionalen Mehrwert dar – ein klares Signal für eine wertorientierte und zukunftsgerichtete Personalstrategie.

Die Betriebliche Krankenversicherung stellt eine bahnbrechende Innovation im Bereich der betrieblichen Versorgung dar und wird in meinem ersten Buch als „Revolution" innerhalb dieser Thematik beschrieben. Als Benefit signalisiert sie ein hohes Maß an Wertschätzung gegenüber der Belegschaft. Sie ist Ausdruck einer Unternehmenskultur, die Gesundheit nicht als individuelle Privatsache, sondern als zentrales Element nachhaltiger Unternehmensführung begreift.

Es mangelt jedoch gerade in kleinen und mittelständischen Unternehmen an entsprechendem Wissen um die immense Schlagkraft und positive Wirkung der bKV. Umso wichtiger ist es daher, die HR-Welt mit nötigen Hintergrundinformationen zu versorgen.

2.1.1   Gut zu wissen

Das Prinzip der bKV basiert auf einem einfachen und zugleich hochwirksamen Konzept.

Sie fungiert als Gesundheits-Benefit, der allen Arbeitnehmern einen besseren Zugang zu medizinischen Leistungen verschafft, als dies durch die gesetzliche Krankenversicherung (GKV) allein möglich ist. Besonders hervorzuheben ist dabei, dass die bKV als obligatorische Kollektivzusage eine reine arbeitgeberfinanzierte Form der Versorgung darstellt, bei der der Arbeitgeber die Verantwortung übernimmt und die Versorgungsleistungen ohne Gesundheitsprüfung der gesamten Belegschaft zugänglich macht. Als freiwillige Zusatzleistung von Arbeitgeberseite bietet die bKV einen effektiven und kostengünstigen Weg, allen Mitarbeitern eine verbesserte medizinische Gesundheitsversorgung zu gewährleisten.

In Anbetracht der aktuellen Herausforderungen des deutschen Gesundheitssystems – steigende Zuzahlungen, gestrichene Leistungen und eine zunehmende finanzielle Belastung für gesetzlich Versicherte – gewinnt die betriebliche Krankenversicherung an Bedeutung. Laut einer Umfrage der Techniker Krankenkasse ist die Unzufriedenheit mit dem deutschen Gesundheitssystem seit 2021 deutlich gestiegen, was die Notwendigkeit zusätzlicher, betrieblicher Lösungen unterstreicht. Die steigenden Beiträge der GKV, verbunden mit langen Wartezeiten und eingeschränkten Leistungen, sorgen bei einem erheblichen Teil der Bevölkerung für Frustration und Unzufriedenheit.

Die bKV bietet eine einzigartige Lösung, indem sie den Mitarbeitern eine verbesserte medizinische Versorgung ermöglicht, die sie sich ohne diese Zusatzleistung möglicherweise nicht leisten könnten oder aufgrund Vorerkrankungen bei privaten Zusatzversicherungen nicht erhalten. Die Leistungszusage der einer bKV als arbeitgeberfinanzierte Sozialleistung gilt dabei für die gesamte Belegschaft eines Unternehmens, ohne dass es Zugangshürden oder Wartezeiten gibt. Besonders vorteilhaft ist, dass bereits bestehende Vorerkrankungen oder laufende Behandlungen mitversichert sind, was die Attraktivität der bKV für die Mitarbeitern weiter steigert. Diese Leistungen gelten unabhängig von Alter, Geschlecht oder bestehenden gesundheitlichen Einschränkungen, was eine umfassende Absicherung der Belegschaft gewährleistet. Zudem übernimmt der Arbeitgeber die Beitragszahlung zu 100 %, wodurch die Mitarbeiter keinen finanziellen Nachteil erfahren, ganz gleich, ob sie gesetzlich oder privat krankenversichert sind.

Ein weiterer Vorteil der bKV besteht in der Tatsache, dass sie bereits ab einer Mitarbeiteranzahl von fünf Beschäftigten eingeführt werden kann, was sie zu einem idealen Instrument für Unternehmen jeder Größenordnung macht – vom Kleinbetrieb über mittelständische Unternehmen bis hin zu Großunternehmen und Konzernen. Selbst international agierende Unternehmen, die Mitarbeiter im Ausland beschäftigen, können Lösungen der bKV in ihre Personalpolitik integrieren.

Die arbeitgeberfinanzierte, obligatorische bKV-Gesamtzusage wird durch einen Kollektivvertrag ermöglicht. Diese Form der Versicherung führt zu einem deutlich geringeren administrativen Aufwand, da die Anmeldung der Arbeitnehmer durch den Arbeitgeber erfolgt. Es ist keine aufwändige Antragstellung durch den einzelnen Arbeitnehmer erforderlich, da die Absicherung auf Grundlage einer Kollektivzusage organisiert wird.

Die bKV wird als Gruppenversicherung konzipiert und versicherungsmathematisch als Kollektiv kalkuliert. Dieser Ansatz ermöglicht es kostengünstige Arbeitgeberbeiträge zu erzielen.

Für den Arbeitgeber wird die Verwaltung durch eine einheitliche altersunabhängige Kalkulation vereinfacht, da üblicherweise ein pauschaler Einheitsbeitrag für alle Mitarbeiter ohne Differenzierung nach Altersgruppen festgelegt wird. Dies führt zu einer klaren und transparenten Kostenstruktur, die eine langfristige Investitionsplanung ermöglicht.

Fakt: Für Arbeitgeber ist die bKV eine kostengünstige Möglichkeit, ihre Mitarbeiter zusätzlich abzusichern. Die typischen Arbeitgeberkosten für eine bKV liegen – abhängig vom Leistungsumfang – bei 10 bis 50 € pro Mitarbeiter und Monat. Die bKV ist damit ein kalkulierbares und steuerlich begünstigtes Instrument zur betrieblichen Gesundheitsförderung und bietet ein attraktives Preis-Leistungs-Verhältnis im Vergleich zu anderen Mitarbeiter-Benefits. In Zeiten steigender Gesundheitskosten und wachsender Unzufriedenheit mit dem bestehenden Gesundheitssystem stellt die bKV eine zukunftsfähige Lösung dar, die sowohl den Mitarbeitern als auch den Unternehmen zugutekommt.

2.1.2   Beliebtheit der bKV

Die betriebliche Krankenversicherung in Deutschland ist bereits eine Erfolgsgeschichte, das lässt sich zweifelsfrei belegen. Die Abb. 2.1 zeigt: **Ende 2024 waren 2,53 Mio. Beschäftigte über eine arbeitgebervollfinanzierte bKV zusätzlich abgesichert.** 2015 lag die Anzahl der betrieblich Krankenversicherten erst bei 570.000 Mitarbeitern. Die Zahl der Betriebe, die ihren Mitarbeitern eine bKV bieten stieg von 3640 (2015) auf 56.500 (2024).

Die wachsende Beliebtheit der betrieblichen Krankenversicherung ist nicht überraschend, wenn man sich einmal die vielen Vorteile auf Arbeitgeber- und Arbeitnehmerseite anschaut. (vgl. Abschn. 3.1)

Im Zuge der Weiterentwicklung der betrieblichen Krankenversicherung (bKV) hat sich das sogenannte Budgetmodell als Meilenstein etabliert und den Markt tiefgreifend verändert. Dieses Modell ersetzt die klassische Struktur aus starren Einzelbausteinen durch ein flexibles, nutzerzentriertes System: Anstelle vorgegebener Leistungsbausteine, die für alle Mitarbeiter gleichermaßen gelten, definiert der Arbeitgeber im Budgetmodell lediglich eine feste jährliche Budgethöhe pro Mitarbeiter. Innerhalb dieses Budgets steht den Versicherten dann ein umfangreiches Portfolio an hochwertigen Gesundheitsleistungen zur freien Auswahl zur Verfügung – individuell, bedarfsorientiert und jährlich neu nutzbar.

Diese Systematik unterscheidet sich grundlegend vom traditionellen Bausteinmodell, bei dem der Arbeitgeber verschiedene Leistungsbausteine auswählt, die dann kollektiv für die gesamte Belegschaft gelten. In der Praxis führte dies häufig zu Unsicherheiten auf Arbeitgeberseite – die sogenannte „Qual der Wahl" –, denn sie mussten entscheiden, welche Leistungen für eine heterogene Mitarbeiterschaft am sinnvollsten seien. Diese strukturelle Schwäche der klassischen Modelle war lange Zeit ein Hemmschuh für die flächendeckende Akzeptanz der bKV.

Die Einführung des Budgettarifs veränderte diese Dynamik grundlegend. Der Gedanke hinter dem Budgetmodell ist ebenso einfach wie wirksam: Der Arbeitgeber legt ein Jahresbudget fest – zum Beispiel 1200 € pro Jahr – und überlässt die konkrete Auswahl der

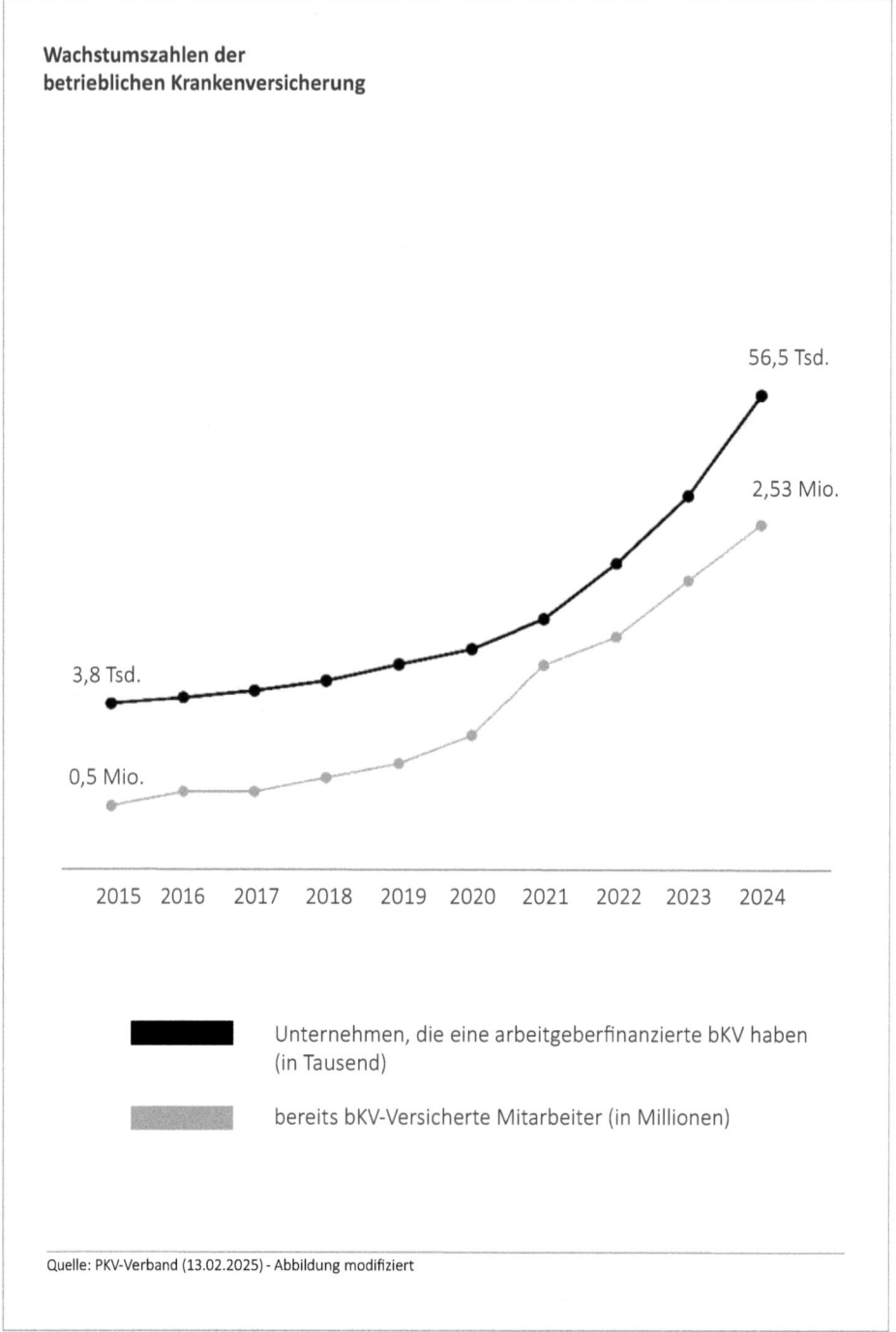

Abb. 2.1 Wachstumszahlen der betrieblichen Krankenversicherung. (Quelle: PKV-Verband (13.02.2025) – Abbildung modifiziert)

Leistungen vollständig jedem einzelnen Mitarbeiter. Ob beispielsweise Vorsorgeuntersuchungen, verordnete Arzneimittel, Physiotherapie, alternative Heilmethoden oder zahnmedizinische Behandlungen – jeder Mitarbeiter nutzt individuell das Budget so, wie es der
eigenen Gesundheit und Lebenssituation entspricht. Diese neue Tariflogik verlagert die
Entscheidungsverantwortung sinnvoll auf die Ebene der Mitarbeiter, ohne die Fürsorgepflicht des Unternehmens zu schwächen.

Die starke Marktresonanz auf Budgettarife belegt deren Relevanz. Gesundheitsbudgets
erleben seit ihrer Einführung einen außergewöhnlichen Boom – ein Trend, der bis heute
anhält. Auch in der Beratungspraxis zeigt sich: Arbeitgeber empfinden Budgettarife als
entlastend, Mitarbeiter als wertschätzend. Die bKV ist damit keine abstrakte Ver-
sicherungslösung, sondern ein erlebbarer, konkret nutzbarer Benefit, der Flexibilität,
Individualität und moderne Gesundheitsprävention in den Mittelpunkt stellt. Genau darin
liegt seine Stärke: Das Angebot orientiert sich nicht an versicherungslogischen Not-
wendigkeiten, sondern am tatsächlichen Bedarf der Menschen.

Heute sind Gesundheitsbudgets aus der bKV-Landschaft nicht mehr wegzudenken. Sie
sind universell einsetzbar, klar verständlich und in ihrer Anwendung attraktiv. Durch ihre
hohe Nutzungsrate, Erlebbarkeit und Wertschätzung seitens der Mitarbeiter haben sie das
Image der bKV entscheidend verändert – weg von einer anonymen Versicherungsleistung,
hin zu einem gelebten Gesundheitsbenefit. Es ist kein Zufall, dass die bKV mittlerweile zu
den Top-Personalnebenleistungen zählt.

Neuere Entwicklungen verfeinern das Modell weiter. So gibt es inzwischen dynami-
sche Budgetvarianten, bei denen das individuelle Gesundheitsbudget im Folgejahr steigt,
sofern es aktiv genutzt wurde – ganz nach dem Prinzip: „Der Mitarbeiter, der mehr braucht,
soll auch mehr bekommen." Dies ist nicht nur ein starker Anreiz für Prävention und
Gesundheitsbewusstsein, sondern auch eine intelligente Antwort auf die oft diskutierte
Frage, wie Nutzen und Investition in der bKV noch besser verzahnt werden können.

Gleichzeitig mahne ich Mathematiker und Aktuare zur Balance: Innovation darf nicht
zulasten der Kalkulation gehen. Die Herausforderung liegt in der harmonischen Verbindung aus kundenorientierter Tarifentwicklung und aktuarieller Verlässlichkeit. Denn so
sehr neue Ideen auch überzeugen – sie müssen dauerhaft tragfähig und wirtschaftlich
durchdacht bleiben.

Stationäre Ergänzungstarife und betriebliche Pflegeversicherungen können den Nutzen
zusätzlich steigern und machen das Gesamtpaket zu einem modernen, wertvollen Instrument strategischer betrieblicher Gesundheitsförderung.

Fakt: Der Budgetansatz in der bKV ist eine der bedeutendsten Innovationen der
letzten Jahre. Als bKV-Experte durfte ich diese Entwicklung nicht nur beobachten,
sondern auch aktiv mitgehalten. So durfte ich Erfahrungen und Impulse einbringen,
die zur Konzeption, Umsetzung und Markteinführung des ersten Budgettarifs bei-
trugen. Das Prinzip vereint Flexibilität, Nutzerzentrierung und Einfachheit in einem
Tarifmodell, das sowohl für Arbeitgeber als auch für Mitarbeiter ein echter Gewinn

ist. Die Logik des Budgettarif-Gedankens ist gekommen, um zu bleiben – und sie wird die bKV-Welt auch in Zukunft weiter prägen. Von einer weiteren Steigerung ist auszugehen, denn laut einer Forsa-Umfrage schätzen 75 % der Unternehmer betriebliche Krankenzusatzversicherungen als wichtiges Instrument zur Mitarbeiterbindung ein.

2.1.3 Arbeitsrechtliche und steuerrechtliche Behandlung

Für eine rechtssichere und transparente Umsetzung empfiehlt sich die schriftliche Fixierung einer arbeitsrechtlichen Kollektiv-Zusage durch den Arbeitgeber. Die sogenannte Gesamtzusage kann in Form einer Versorgungsordnung dokumentiert werden oder – sofern ein Betriebsrat existiert – im Rahmen einer Betriebsvereinbarung erfolgen. Hierbei sollte detailliert geregelt werden, welche Mitarbeitergruppen unter welchen Voraussetzungen Anspruch auf welche konkreten Leistungen der bKV haben. Eine klare Regelung schafft nicht nur Transparenz, sondern dient auch dem Schutz vor späteren arbeitsrechtlichen Auseinandersetzungen.

Wird die bKV als reiner arbeitgeberfinanzierter Versicherungsschutz gewährt und nicht als Geldleistung ausgezahlt, handelt es sich steuerlich um einen sogenannten Sachbezug. Dieser unterliegt der monatlichen Freigrenze von 50,00 € gemäß Paragraf 8 Abs. 2 Satz 11 Einkommensteuergesetz (EStG). Solange der monatliche Wert der gewährten betrieblichen Krankenversicherung den Betrag von 50,00 € nicht übersteigt, bleibt dieser Beitrag lohnsteuer- und sozialversicherungsfrei.

Übersteigt der Beitrag zur bKV die 50-Euro-Freigrenze oder liegt keine begünstigte Sachzuwendung vor, kommen verschiedene steuerliche Behandlungsmöglichkeiten zum Tragen: Pauschalversteuerung, Nettolohnversteuerung, Versteuerung als geldwerter Vorteil.

Fakt: Unabhängig von der gewählten steuerlichen Gestaltung sind sämtliche Aufwendungen des Arbeitgebers für die bKV als Betriebsausgaben steuerlich abzugsfähig. Dies gilt auch für die Übernahme der Arbeitnehmeranteile zur Sozialversicherung, sofern diese vom Arbeitgeber getragen werden. Somit können Arbeitgeber die bKV nicht nur als Instrument zur Förderung der Mitarbeitergesundheit, -bindung und -motivation einsetzen, sondern auch steuerlich geltend machen.

2.2 Betriebliche Pflegeversicherung (bPV)

Verstärkt durch den demografischen Wandel rückt das Thema Pflege zunehmend in den Fokus der gesellschaftlichen und wirtschaftlichen Diskussion. Insbesondere die häusliche Pflege bildet dabei einen zentralen Aspekt – nicht zuletzt, weil sie in hohem Maße von Angehörigen übernommen wird, die oftmals noch im Berufsleben stehen. Laut dem Statistischen Bundesamt (vgl. Abb. 1.1) werden knapp 86 % der insgesamt 5,69 Mio. pflegebedürftigen Menschen in Deutschland zu Hause gepflegt, meist durch Familienangehörige. Für Unternehmen ergibt sich daraus eine neue Realität: 71 % der erwerbstätigen pflegenden Angehörigen berichten über erhebliche Schwierigkeiten, Pflege, Familie und Beruf zeitlich miteinander zu vereinbaren. Diese Vereinbarkeitsproblematik stellt eine zunehmende Herausforderung für die betriebliche Personalpolitik dar.

Vor diesem Hintergrund gewinnt die betriebliche Pflegeversicherung (bPV) als innovatives Instrument der betrieblichen Sozialpolitik an Bedeutung. Im Gegensatz zur klassischen privaten Pflegezusatzversicherung (pPV), die in erster Linie finanzielle Leistungen im Pflegefall bietet, verfolgt die bPV den Ansatz mit Fokus auf den Erhalt der Arbeitskraft von Mitarbeitern, die Angehörige pflegen. Die bPV setzt dort an, wo herkömmliche Versicherungsmodelle an ihre Grenzen stoßen: Sie integriert nicht nur finanzielle Unterstützung, sondern auch ein umfassendes Serviceangebot rund um Beratung, Betreuung und Organisation von Pflegeleistungen. Ziel ist es, die Doppelbelastung von Beruf und Pflege spürbar zu reduzieren und betroffene Beschäftigte nachhaltig zu entlasten.

Unternehmen, die eine arbeitgeberfinanzierte bPV im Rahmen einer obligatorischen Kollektivzusage einführen, demonstrieren nicht nur soziale Verantwortung und Weitsicht, sondern stärken zugleich ihre Attraktivität als Arbeitgeber. Für viele Beschäftigte ist die Sorge um eine angemessene Versorgung ihrer pflegebedürftigen Angehörigen ein zentrales Thema. Eine betriebliche Lösung, die in dieser Lebenslage Unterstützung bietet, wird daher als wertvolle und konkrete Hilfe wahrgenommen. Sie wirkt sowohl organisatorisch als auch finanziell entlastend und kann dazu beitragen, die Arbeitsfähigkeit betroffener Mitarbeiter zu erhalten und Ausfallzeiten zu reduzieren.

Ein zukunftsorientiertes Personalmanagement erkennt in Pflegeleistungen einen entscheidenden Baustein moderner betrieblicher Krankenversicherungen. Pflegebezogene Leistungen sollten daher nicht länger als freiwillige Zusatzangebote betrachtet werden, sondern als integraler Bestandteil einer ganzheitlichen Fürsorgestrategie. Unternehmen, die sich diesem Thema proaktiv widmen, investieren nicht nur in ihre Mitarbeiter, sondern auch in ihre eigene wirtschaftliche Stabilität. Denn: Pflege ist längst kein Randthema mehr – sie betrifft die Mitte der Arbeitswelt.

Die politische Diskussion rund um die Integration von Pflegevorsorge in betriebliche Absicherungskonzepte hat ebenfalls Fahrt aufgenommen. Eine gezielte steuerliche Förderung – etwa durch eine Erweiterung der Sachbezugsregelungen – könnte dazu beitragen, die Vorsorge für den Pflegefall gesellschaftlich breiter zu verankern. Die Anerkennung entsprechender Aufwendungen als eigenständiger Fördertatbestand wäre ein wichtiger Schritt, um die betriebliche Pflegeversicherung nachhaltig zu etablieren.

Fakt: Letztlich eint alle Pflegefälle eines: Die finanzielle und organisatorische Bewältigung der Pflegesituation stellt Betroffene und ihre Familien vor enorme Hürden. Die betriebliche Pflegeversicherung kann hier einen entscheidenden Beitrag leisten, um diesen Herausforderungen wirksam zu begegnen. Ihre Integration in die betriebliche Gesundheits- und Personalpolitik ist deshalb nicht nur eine Reaktion auf arbeitsgesellschaftliche Realitäten, sondern Ausdruck eines nachhaltigen und resilienten Unternehmensverständnisses. Arbeitgeber, die heute die Weichen stellen, sorgen für eine Arbeitswelt, in der Beruf und Pflege besser vereinbar sind – zum Nutzen aller Beteiligten.

2.3   Fazit des Kapitels

Die werteorientierte Personalarbeit stellt keinen kurzfristigen Trend, sondern eine strategische Notwendigkeit dar, um als Arbeitgeber attraktiv zu bleiben und wirtschaftliche Stabilität zu sichern. Sie verankert Wertschätzung, soziale Verantwortung und Fürsorge als tragende Säulen einer modernen Unternehmenskultur.

Ein zentrales Element dieser Entwicklung ist die betriebliche Krankenversicherung (bKV), die zunehmend als Ausdruck gelebter Wertschätzung verstanden wird. Sie dient nicht nur der gesundheitlichen Absicherung der Belegschaft, sondern ist zugleich ein wirkungsvolles Instrument zur Mitarbeiterbindung und -motivation. Als arbeitgeberfinanzierte Kollektivlösung ermöglicht sie eine verbesserte medizinische Versorgung ohne individuelle Zugangshürden und unterstreicht die Fürsorgepflicht des Unternehmens auf glaubwürdige Weise. Die hohe Beliebtheit der bKV spiegelt sich in der stetig wachsenden Zahl der versicherten Beschäftigten wider. Für Betriebe aller Größenordnungen stellt sie eine ökonomisch kalkulierbare und steuerlich vorteilhafte Möglichkeit dar, in die Gesundheit und Leistungsfähigkeit ihrer Mitarbeiter zu investieren – mit spürbarem Mehrwert auf beiden Seiten.

Ebenso gewinnt die betriebliche Pflegeversicherung (bPV) im Kontext des demografischen Wandels zunehmend an Bedeutung. Sie adressiert die Vereinbarkeitsproblematik von Beruf und Pflege und bietet betroffenen Mitarbeitern nicht nur finanzielle, sondern auch organisatorische Unterstützung. Durch die Integration der bPV als Bestandteil einer ganzheitlichen Fürsorgestrategie demonstrieren Firmen nicht nur Weitsicht, sondern übernehmen aktiv Verantwortung für eine neue Realität in der Arbeitswelt. Die Möglichkeit, Berufstätigkeit und Pflegeaufgaben besser zu vereinbaren, steigert nicht nur die Arbeitszufriedenheit, sondern sichert auch langfristig die Einsatzfähigkeit qualifizierter Mitarbeiter.

▶ **Zusammenfassend lässt sich festhalten:** Werteorientierte Personalarbeit in Verbindung mit betrieblicher Kranken- und Pflegeversicherung eröffnet Unternehmen die Chance, zentrale Herausforderungen unserer Zeit strategisch anzugehen. Sie fördert eine stabile, resiliente und leistungsfähige Belegschaft, sichert die unternehmerische Zukunft und wird so zur tragenden Säule moderner Unternehmensführung. In einer Arbeitswelt, in der Wertschätzung zunehmend an Bedeutung gewinnt, ist der Wandel zur wertebasierten Personalstrategie kein „Nice-to-have", sondern ein „Must-have" für nachhaltig erfolgreiche Organisationen.

Literatur

PKV-Verband. (2025, Februar 13). *Boom bei der betrieblichen Krankenversicherung – Erfolgsmodell auch für bessere Pflege-Vorsorge.* https://www.pkv.de/verband/presse/pressemitteilungen/boom-bei-der-betrieblichen-krankenversicherung-erfolgsmodell-auch-fuer-bessere-pflege-vorsorge/. Zugegriffen am 21.04.2025.

Wertschöpfung durch Wertschätzung

3

Inhaltsverzeichnis

Zusammenfassung

Die betriebliche Krankenversicherung entwickelt sich zunehmend zu einem strategischen Instrument zur Steigerung des Return on Investment (ROI) im Personalmanagement. Ihr ökonomischer Nutzen zeigt sich in diesem Kapitel mit hohen Praxisbezug insbesondere in der Reduktion von Fehlzeiten, der Verbesserung der Mitarbeitermotivation sowie der Senkung von Fluktuationskosten. Durch präventive und kurative Leistungen – von medizinischer Vorsorge über mentale Gesundheitsangebote bis hin zu Pflegeunterstützung – erhöht die bKV nachweislich die Leistungsfähigkeit und -bereitschaft der Belegschaft. Unternehmen profitieren zudem von einer gestärkten Arbeitgebermarke, verkürzten Besetzungszeiten offener Stellen und einer höheren Mitarbeiterbindung. In Zeiten zunehmender Fachkräfteknappheit und steigender

M. Scherbaum, *Ökonomischer Erfolgsfaktor betriebliche Krankenversicherung*,
https://doi.org/10.1007/978-3-658-48924-3_3

Gesundheitskosten stellt die bKV somit einen wirtschaftlich effektiven Hebel zur nachhaltigen Sicherung der Wettbewerbsfähigkeit dar. Sie verbindet Fürsorge mit Effizienz – messbar, wirksam und zukunftsorientiert.

3.1   Ökonomische Nutzen-Effekte der bKV

Die betriebliche Krankenversicherung (bKV) entwickelt sich zunehmend zu einem strategischen Instrument für Unternehmen, um personalökonomische Ziele effizient zu erreichen. In der Praxis zeigt sich die bKV als wahre Allzweckwaffe, um die personalpolitischen Herausforderungen sowie die angespannte Kostensituation zu bekämpfen. Immer mehr Firmen erkennen die wirtschaftlichen Vorteile, die mit einer gut strukturierten bKV-Lösung einhergehen – doch das volle Potenzial dieses Benefits bleibt in vielen Betrieben nach wie vor unterschätzt.

Oftmals liegt der Fokus von Entscheidern zunächst auf den Kosten der Einführung. Die tatsächlichen Einsparungen und betriebswirtschaftlichen Effekte, die eine bKV langfristig mit sich bringt, werden hingegen nur unzureichend betrachtet. Dabei ist klar: Die betriebliche Gesundheitsvorsorge rechnet sich – nicht nur ideell, sondern ganz konkret in Zahlen.

Gerade in wirtschaftlich herausfordernden Zeiten zögern viele Arbeitgeber, zusätzliche Investitionen zu tätigen. Doch wer den aktuellen Belastungen vorausschauend begegnen will, muss gezielt gegensteuern. Die bKV bietet genau diese Möglichkeit: Was auf den ersten Blick wie eine zusätzliche Ausgabe erscheint, entpuppt sich bei genauerer Betrachtung als wertvolle Investition in die Zukunftsfähigkeit des Unternehmens. Die Leistungsvorteile wirken sich direkt auf betriebliche Kennzahlen aus und führen zu messbarer Kostenreduktion. Ihr Einfluss auf den Return on Investment (ROI) lässt sich durch mehrere Wirkdimensionen nachvollziehbar und wirtschaftlich begründen.

Im folgenden Abschnitt werden die ökonomischen Nutzen-Effekte einer betrieblichen Kranken- & Pflegeversicherung umfassend mit konkreten Leistungsbereichen dargestellt und aufgeschlüsselt:

Vorsorge/Prävention
Insbesondere im Bereich der medizinischen Vorsorge entfaltet die bKV ein erhebliches Potenzial – sowohl für die individuelle Gesundheitsentwicklung der Mitarbeiter als auch für die ökonomische Stabilität des Unternehmens. Denn regelmäßige Vorsorgeuntersuchungen sind ein zentrales Element zur Früherkennung von Erkrankungen und dienen damit der langfristigen Gesunderhaltung der Belegschaft.

Obwohl Vorsorge entscheidend zur Steigerung der Heilungschancen beiträgt, wird sie im Alltag noch zu selten genutzt. Der Grund liegt häufig in finanziellen Hürden und eingeschränkten Leistungskatalogen der gesetzlichen Krankenversicherung (GKV). So sind viele Vorsorgeuntersuchungen nur in bestimmten Altersgruppen vorgesehen und mit

Eigenbeteiligungen verbunden. Zudem beschränkt sich das gesetzliche Angebot oft auf Basisleistungen, wie einfache Abtastuntersuchungen oder symptomabhängige Diagnostik. Wichtigere, umfassendere Maßnahmen werden hingegen häufig als sogenannte individuelle Gesundheitsleistungen (IGeL) nur auf Selbstzahlerbasis angeboten.

Hier setzt die bKV an und beseitigt genau diese Barrieren. Vorsorgetarife im Rahmen der bKV ermöglichen allen Mitarbeitern Zugang zu einer hochwertigen, umfassenden medizinischen Vorsorge, die weit über die Regelleistungen der GKV hinausgeht. Besonders relevant: Die Erstattung erfolgt nicht auf Basis eines festgelegten Katalogs, sondern umfasst sämtliche ärztlichen Leistungen zur Vorsorge, die nach der Gebührenordnung für Ärzte (GOÄ) abgerechnet werden. Das bedeutet: Auch moderne, privatärztliche Diagnosemethoden – wie erweiterte Laborwerte, Ultraschalluntersuchungen zur Krebsfrüherkennung, EKGs – um nur ein paar der meistgenutzten Vorsorgeuntersuchungen zu nennen.

Beispiel

Folgendes konkretes Beispiel:
Diabetes zählt zu den häufigsten Krankheitsbildern mit erheblichen Auswirkungen auf die Produktivität am Arbeitsplatz. (Vgl. Abb. 3.1)

Eine besondere Rolle spielt dabei der Prädiabetes – die Vorstufe des Typ-2-Diabetes. In diesem Stadium sind die Blutzuckerwerte bereits erhöht, jedoch noch nicht im Bereich eines manifesten Diabetes mellitus Typ 2. Wird dieser Zustand nicht frühzeitig erkannt oder bleibt unbehandelt, steigt das Risiko für schwerwiegende Folgeerkrankungen an unterschiedlichen Organsystemen deutlich an. ◀

Abb. 3.2 zeigt einen alarmierenden Trend: Bereits in der Altersgruppe der 30- bis 39-Jährigen liegt die Prädiabetes bei 15 %. In der darauffolgenden Altersgruppe der 40- bis 49-Jährigen manifestiert sich diese Entwicklung zunehmend – der Anteil diagnostizierter Diabetesfälle steigt hier bereits auf 9 %. Bei den 50- bis 59-Jährigen liegt der Anteil sogar bei 19 %.

Besonders besorgniserregend ist dabei die Erkenntnis der Abb. 3.3, dass lediglich 12,7 % der Personen mit Prädiabetes angeben, eine Diabetes-bezogene Erkrankung oder Vorerkrankung diagnostiziert bekommen zu haben. Das bedeutet, dass 87,3 % der Betroffenen Prädiabetiker nichts von ihrer Vorstufe wissen. Diese große Dunkelziffer unterstreicht den dringenden Aufklärungs- und Handlungsbedarf.

▶ **Wichtig dabei:** Die Rückkehr von einem manifesten Diabetes in den prädiabetischen Zustand ist äußerst schwierig. Deshalb kommt der Prävention eine entscheidende Rolle zu – nicht nur zur Vermeidung chronischer Erkrankungen, sondern auch zur Reduktion krankheitsbedingter Ausfälle und Kosten.

Im Rahmen der betrieblichen Krankenversicherung können Unternehmen hier gezielt ansetzen. Die bKV ermöglicht Mitarbeitern Zugang zu hochwertigen Vorsorgeuntersuchungen mit erweiterten Blutuntersuchungen, die eine frühzeitige Identifikation von Prädiabetes und Diabetes ermöglichen.

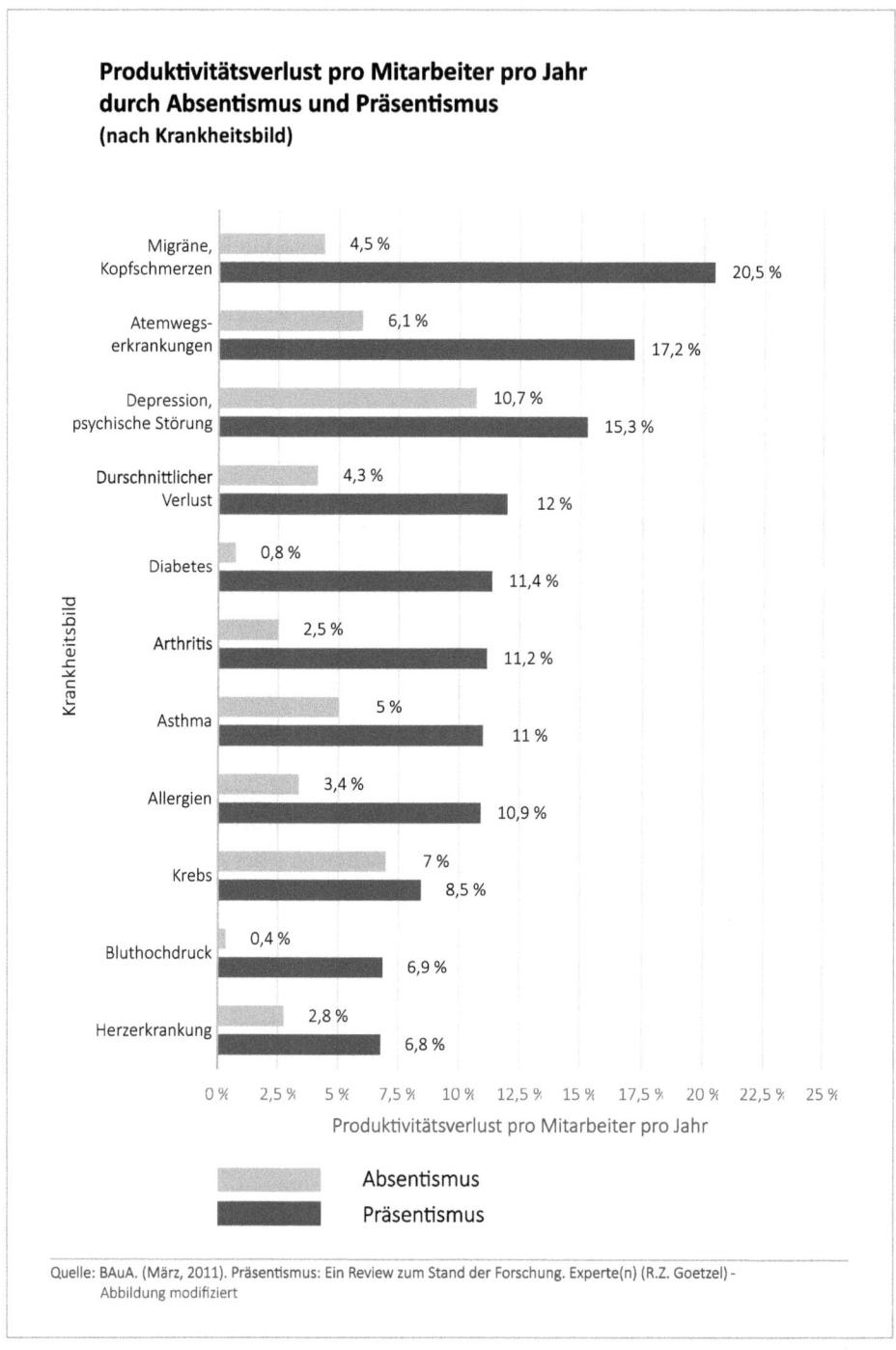

Abb. 3.1 Produktivitätsverlust pro Mitarbeiter pro Jahr durch Absentismus und Präsentismus (nach Krankheitsbild). (Quelle: BAuA. (März, 2011). Präsentismus: Ein Review zum Stand der Forschung. Experte(n) (R.Z. Goetzel) – Abbildung modifiziert)

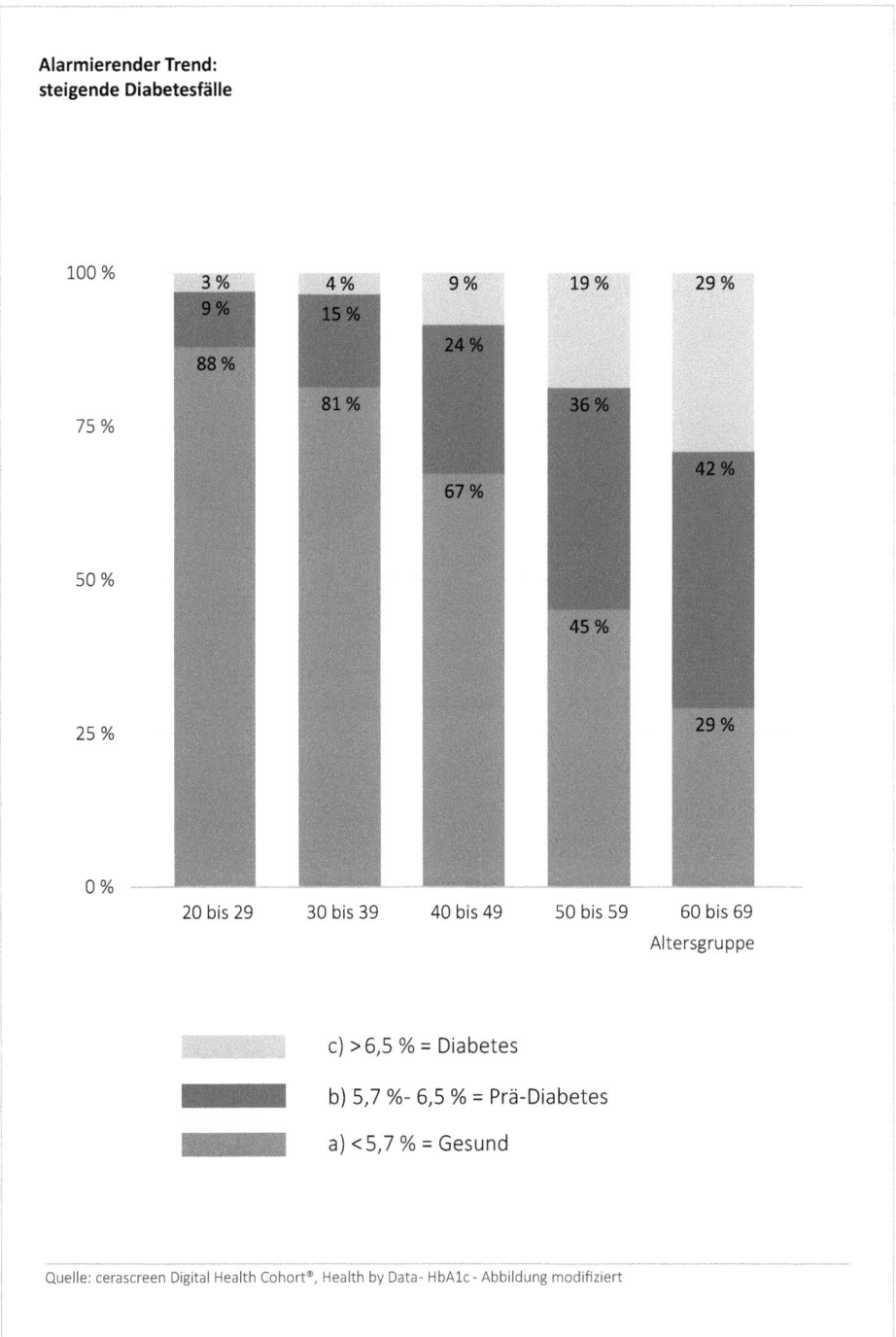

Abb. 3.2 Alarmierender Trend: steigende Diabetesfälle. (Quelle: cerascreen Digital Health Cohort®, Health by Data – HbA1c, Abb. modifiziert)

Abb. 3.3 Dunkelziffer Prä-
Diabetes. (Quelle: cerascreen
Digital Health Cohort®,
Health by Data – HbA1c, Abb.
modifiziert)

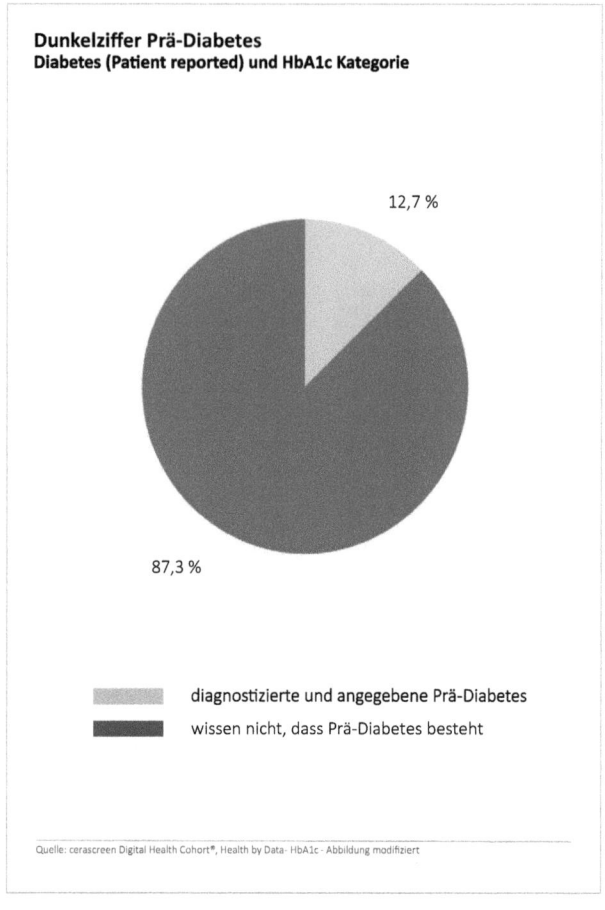

Dunkelziffer Prä-Diabetes
Diabetes (Patient reported) und HbA1c Kategorie

12,7 %

87,3 %

☐ diagnostizierte und angegebene Prä-Diabetes

■ wissen nicht, dass Prä-Diabetes besteht

Quelle: cerascreen Digital Health Cohort®, Health by Data - HbA1c - Abbildung modifiziert

**Durch die Nutzung der bKV können Therapie und medikamentöse Versorgung
frühzeitiger, niederschwelliger und effektiver zugänglich gemacht werden.**

Für Mitarbeiter bedeutet dies: Die finanzielle Hemmschwelle, wichtige Vorsorgeangebote beim Arzt wahrzunehmen, entfällt. Untersuchungen können unabhängig vom
Alter, Symptomen oder Kassenrichtlinien genutzt werden – beim Arzt des Vertrauens, mit
freier Wahl. Diese niedrigschwellige Zugänglichkeit erhöht nicht nur die tatsächliche Inanspruchnahme, sondern fördert aktiv ein gesundheitsbewusstes Verhalten.

Fakt: Für Arbeitgeber entsteht daraus ein klarer ökonomischer Nutzen: Je mehr
Mitarbeiter regelmäßig Vorsorgeuntersuchungen wahrnehmen, desto früher können
potenzielle Gesundheitsrisiken erkannt und behandelt werden. Das reduziert das Risiko chronischer Erkrankungen und langwieriger Arbeitsunfähigkeiten signifikant.
Laut dem Volkswirtschaftler Prof. Dr. Peter Oberender könnten bis zu 76 % krankheitsbedingter Ausfälle, die durch chronische Erkrankungen entstehen, durch Prä-

vention vermieden werden. Unternehmen profitieren dadurch von einer nachhaltig leistungsfähigeren Belegschaft, geringeren Fehlzeiten, einer stabileren Personalplanung und sinkenden Ausfallkosten. Die betriebliche Krankenversicherung schafft durch hochwertige, barrierefreie Vorsorgeangebote einen substanziellen Mehrwert für Betriebe. Sie verbindet medizinische Qualität mit ökonomischem Weitblick.

Arzneimittel
Verordnete Arzneimittel stellen einen wichtigen Aspekt in der modernen Gesundheitsversorgung dar.

Eine bKV ermöglicht Arbeitnehmern den Zugang zu Medikamenten, die außerhalb des GKV-Leistungskatalogs liegen. Durch die Verschreibung auf Privatrezept erhalten Mitarbeiter Zugang zu innovativen, oft besser verträglichen oder zielgerichteteren Wirkstoffen. Diese Arzneimittel können aus medizinischer Sicht sinnvoll oder sogar notwendig sein – etwa, wenn Standardtherapien nicht ausreichend wirksam sind oder unerwünschte Nebenwirkungen verursachen. Dieser individuelle Therapieansatz kann die Behandlungsqualität steigern.

Die Erstattung von Rezeptgebühren, Eigenanteilen oder Zuzahlungen stellt für Arbeitnehmer eine wichtige finanzielle Entlastung dar und ermöglicht eine bedarfsgerechte, nicht durch Kostenbarrieren eingeschränkte Arzneimittelversorgung. Auch Arbeitgeber profitieren, da eine schnellere und verträglichere Behandlung zur rascheren Wiederherstellung der Arbeitsfähigkeit beitragen kann. Privatärztlich verordnete Medikamente zeichnen sich häufig durch ein günstigeres Nebenwirkungsprofil aus. Dies kann darauf zurückzuführen sein, dass neuere oder höherwertige Präparate verwendet werden, die nicht in jedem Fall von der GKV übernommen werden. Die geringere Nebenwirkungsbelastung trägt nicht nur zur besseren Therapietreue bei, sondern reduziert auch Folgekosten durch ärztliche Nachbehandlungen, Arbeitsausfall oder Krankenhausaufenthalte.

Heilmittel
Ärztlich verordnete Heilmittel wie Massagen, Krankengymnastik, Bestrahlungen, Elektro- oder Ergotherapie stellen nicht nur aus medizinischer, sondern auch aus ökonomischer Sicht für Unternehmen eine sinnvolle Leistung im Rahmen einer betrieblichen Krankenversicherung dar.

Im System der gesetzlichen Krankenversicherung ist es für Mitarbeiter häufig mit Hürden verbunden, ein entsprechendes Rezept für Heilmittel zu erhalten. Vertragsärzte unterliegen einem strikten Budget, weshalb sie oftmals zurückhaltend bei der Verordnung von Physiotherapie agieren. Gerade bei weniger akuten, aber belastenden Beschwerden – etwa des Muskel-Skelett-Systems – kann dies zu Verzögerungen bei der Behandlung führen, wodurch sich Beschwerden chronifizieren und die Arbeitsfähigkeit beeinträchtigt werden kann.

Eine bKV umgeht diese strukturellen Einschränkungen. Mitarbeiter erhalten unabhängig vom GKV-Budget und ohne langwierige Genehmigungsprozesse Zugang zu privat-
ärztlichen Verordnungen und damit zu einem deutlich schnelleren Behandlungsbeginn.
Die Inanspruchnahme hochwertiger Heilmittel kann somit zeitnah und individuell bei dem
Physiotherapeuten der eigenen Wahl erfolgen. Diese Flexibilität und Kostenerstattung von
Rezeptgebühr, Zuzahlungen und Eigenbehalten verbessert nicht nur die Behandlungsqualität, sondern erhöht auch die Motivation der Mitarbeiter, präventive und therapeutische Maßnahmen frühzeitig wahrzunehmen.

▶   **Aus unternehmerischer Perspektive bedeutet dies:** weniger krankheitsbedingte
     Ausfalltage, ein gesünderes Arbeitsumfeld und langfristig geringere Kosten durch
     vermiedene oder verkürzte Arbeitsunfähigkeiten. Denn Heilmittelbehandlungen
     tragen wesentlich zur Linderung von Beschwerden bei, bevor sie sich manifestieren
     oder chronifizieren. Insbesondere Erkrankungen des Bewegungsapparats zählen seit
     Jahren zu den häufigsten Ursachen für Arbeitsunfähigkeit in Deutschland (Vgl.
     Abschn. 1.1.1). Frühzeitige physiotherapeutische Interventionen – auch präventiv –
     können solchen Entwicklungen effektiv entgegenwirken.

Hilfsmittel

Die gesetzliche Krankenkasse sieht im Bereich der Hilfsmittelversorgung in der Regel
lediglich eine Grundversorgung vor. Häufig werden dabei nicht die vollständigen Kosten
übernommen, und es besteht nahezu immer eine gesetzlich vorgeschriebene Eigenbeteili-
gung. Hinzu kommt, dass moderne, individuell angepasste oder technisch hochwertigere
Produkte – wie etwa orthopädische Schuhe, Bandagen, oder Kompressionsstrümpfe –
entweder gar nicht oder nur anteilig von der GKV erstattet werden. Privatrezepte ermöglichen zwar Zugang zu erweiterten Leistungen, doch müssen die Kosten dafür von den
Versicherten in vollem Umfang selbst getragen werden.

Die betriebliche Krankenversicherung schließt genau diese Lücke. Sie ermöglicht sowohl die Übernahme gesetzlicher Eigenanteile als auch die Bezuschussung oder voll-
ständige Erstattung zusätzlicher Leistungen auf Privatrezeptbasis. Für Arbeitnehmer bedeutet dies, dass sie nicht aus Kostengründen auf eine verbesserte Versorgung verzichten
müssen. Sie können ärztlich verordnete Hilfsmittel flexibel und bedarfsgerecht nutzen –
auch in höherwertiger Ausführung oder mit individueller Anpassung im Sanitätshaus.
Dies erhöht nicht nur den Tragekomfort, sondern auch die Akzeptanz und tatsächliche
Nutzung der Hilfsmittel.

▶   **Aus Unternehmenssicht ergibt sich daraus ein klarer Vorteil:** Durch die
     finanzielle Unterstützung im Rahmen der bKV profitieren Mitarbeiter öfter und
     gezielter von modernen medizinischen Möglichkeiten, was sich in einer höheren
     Inanspruchnahme gesundheitserhaltender Hilfsmittel niederschlägt. Dies wirkt
     präventiv gegenüber chronischen Erkrankungen, reduziert krankheitsbedingte
     Ausfallzeiten und stärkt die langfristige Arbeitsfähigkeit.

Alternativmedizin (Heilpraktiker)

Während Leistungen wie Osteopathie, Akupunktur oder Chiropraktik von den gesetzlichen Krankenkassen (GKV) in der Regel nicht oder nur sehr eingeschränkt übernommen werden, ermöglicht die bKV gezielt einen erweiterten Zugang zu diesen Therapieformen. Arbeitgeber profitieren dabei in mehrfacher Hinsicht – insbesondere im Kontext der betrieblichen Gesundheitsförderung und der Reduktion krankheitsbedingter Ausfallzeiten.

Ein zentraler Wirkmechanismus ergibt sich aus dem hohen praktischen Nutzen alternativer Heilmethoden bei Muskel-Skeletterkrankungen, die laut aktuellen Gesundheitsberichten für rund 20 % aller Arbeitsunfähigkeitstage in Deutschland verantwortlich sind (Vgl. Abschn. 1.1.1). Durch den gezielten Einsatz von osteopathischen, chiropraktischen und akupunkturgestützten Behandlungen lassen sich Beschwerden im Bewegungsapparat oftmals effektiv lindern oder gar präventiv vermeiden. Dies führt zu einer nachweislichen Verkürzung von Arbeitsunfähigkeitszeiten und trägt somit unmittelbar zur Aufrechterhaltung der Arbeitskraft bei.

Mit rund 46 Mio. Behandlungen jährlich verdeutlicht die hohe Inanspruchnahme alternativer Heilverfahren zudem das gestiegene Gesundheitsbewusstsein in der Bevölkerung und den Wunsch nach alternativen Therapiekonzepten. Rund 74 % der Menschen mit alternativmedizinischen Erfahrungen sagen, dass ihnen das jeweilige Heilverfahren bei der Krankheitsbewältigung geholfen hätte.[1] Unternehmen, die im Rahmen der bKV entsprechende Angebote integrieren, positionieren sich daher nicht nur als attraktive Arbeitgeber, sondern investieren gleichzeitig in die langfristige Leistungsfähigkeit ihrer Belegschaft. Die dadurch erzielten Effekte – von einer Reduktion von Fehlzeiten über eine gesteigerte Mitarbeiterzufriedenheit bis hin zur verbesserten Mitarbeiterbindung – zahlen sich unmittelbar ökonomisch aus.

Sehhilfen

Rund 64 %[2] der Bevölkerung in Deutschland tragen eine Brille – damit handelt es sich um ein weit verbreitetes Bedürfnis. Dennoch deckt die gesetzliche Krankenversicherung (GKV) die Kosten für Brillen und Kontaktlinsen in der Regel nicht ab, was zu einem erheblichen Eigenkostenanteil für Arbeitnehmer führt. Hier setzt die bKV an: Sie bietet Arbeitgebern die Möglichkeit, ihren Beschäftigten diese finanzielle Last abzumildern und ihnen gleichzeitig einen echten Mehrwert zu bieten. Eine bedarfsgerechte Sehhilfe ist nicht nur ein Komfortfaktor, sondern spielt eine zentrale Rolle für die Leistungsfähigkeit im Arbeitsalltag.

---

[1] Carstens-Stiftung. (19. März, 2024). *Statista, Anteil der Menschen in Deutschland, denen traditionelle, komplementäre oder integrative Medizin[1] geholfen hat, nach Erkrankung im Jahr 2022.* Abgerufen am 21.04.2025, von https://de.statista.com/statistik/daten/studie/1498584/umfrage/bevoelkerungsanteil-dem-alternative-heilmethoden-bei-krankheiten-geholfen-haben/.

[2] Kuratorium Gutes Sehen e.V. (2025). Allensbach-Brillenstudie 2024/25: *Wandel im Sehverhalten der Deutschen.* Abgerufen am 21.04.2025, von https://www.sehen.de/presse/pressemitteilungen/zahlen-fakten/allensbach-brillenstudie-2024-25/.

Gerade bei Tätigkeiten am Bildschirm – ein fester Bestandteil moderner Arbeitsplätze – führt ein nicht optimal korrigiertes Sehvermögen häufig zu Beschwerden wie Kopfschmerzen, Nackenverspannungen, Schwindel oder allgemeinen Konzentrationsstörungen. Diese Symptome beeinträchtigen nicht nur das Wohlbefinden, sondern auch die Produktivität und Fehlzeitenstatistik. Durch die finanzielle Unterstützung für individuell angepasste Sehhilfen oder auch refraktive Eingriffe wie eine LASIK-Operation, trägt die bKV dazu bei, das Sehvermögen dauerhaft zu verbessern oder wiederherzustellen.

Zahnmedizin
Zahnmedizinischen Leistungen der bKV bieten nicht nur für die Mitarbeiter einen gesundheitlichen und finanziellen Mehrwert, sondern entfalten auch auf Seiten der Arbeitgeber einen ökonomischen Nutzen. Zahnmedizinische Vorsorge – insbesondere die professionelle Zahnreinigung – wird von Experten ein- bis zweimal jährlich empfohlen, um Erkrankungen im Mundraum frühzeitig zu erkennen und zu behandeln.

Arbeitgeber, die im Rahmen der betrieblichen Krankenversicherung Zuschüsse für professionelle Zahnreinigung sowie Erstattungen für Zahnbehandlungen und Zahnersatzmaßnahmen gewähren, fördern aktiv die Zahngesundheit ihrer Belegschaft.

Dies ist vor dem Hintergrund besonders relevant, dass laut Erhebungen 48,3 %[3] der Befragten aus finanziellen Gründen auf Zahnarztbesuche verzichten, obwohl dieser aus gesundheitlichen Gründen notwendig gewesen wäre – ein Phänomen, das zu erhöhtem Präsentismus führen kann. Präsentismus, also das physische Erscheinen am Arbeitsplatz trotz gesundheitlicher Beeinträchtigung wie Zahnschmerzen, hat nachweislich negative Effekte auf Produktivität und Arbeitsqualität.

Durch die finanzielle Unterstützung zahnmedizinischer Leistungen im Rahmen der bKV wird die Inanspruchnahme präventiver Maßnahmen signifikant erleichtert. Dies hat positiven Einfluss auf die individuelle Mundgesundheit und kann auch zur Vermeidung systemischer Folgeerkrankungen wie Diabetes mellitus oder kardiovaskulären Ereignissen wie Herzinfarkten beitragen. Der gesundheitliche Nutzen für die Mitarbeiter schlägt sich somit auch auf geringere krankheitsbedingte Ausfallzeiten und höherer Leistungsfähigkeit nieder.

Stationäre Absicherung im Krankenhaus
Eine hochwertige medizinische Versorgung im Krankenhaus, wie sie durch eine betriebliche Krankenversicherung mit stationär-Tarifbaustein ermöglicht wird, hat einen signifikanten Einfluss auf den wirtschaftlichen Erfolg von Unternehmen. Dabei profitieren Arbeitnehmer durch die hundertprozentige Erstattung privatärztlicher Behandlungskosten sowie durch die Nutzung exklusiver Wahlleistungen – darunter die freie Krankenhaus- und Arztwahl, die Unterbringung im Ein- oder Zweibettzimmer.

---

[3] Statistisches Bundesamt. (2015, August). *Mehr Zeit für Behandlung*. Sozialverband VdK Deutschland e.V., (o. J.). Abgerufen am 21.04.2025, von https://www.vdk.de/aktuelles/tipp/zahnbehandlung-und-zahnersatz-was-zahlt-die-kasse/.

Das Leistungsspektrum dieser bKV-Tarifwelt übersteigt deutlich die allgemeinen Krankenhausleistungen der gesetzlichen Krankenversicherung. Abgedeckt werden zudem hochwertige stationäre Untersuchungs-, Behandlungs- und Operationsmethoden sowie notwendige Krankentransporte. Wichtig ist dabei: Diese Leistungen stehen für alle medizinisch notwendigen stationären Aufenthalte zur Verfügung – unabhängig von bestehenden Vorerkrankungen.

Die Auswirkungen auf Unternehmen sind dabei vielschichtig. Zum einen ermöglichen kurze Zugriffszeiten auf notwendige Krankenhausaufenthalte und Operationen eine deutliche Reduktion von Arbeitsunfähigkeitszeiten. Eine effektive stationäre Versorgung auf höchstem medizinischem Niveau trägt zur schnelleren Genesung bei und fördert die rasche Wiedereingliederung der Mitarbeiter in den Arbeitsprozess. Damit verringert sich nicht nur die Abwesenheitsquote, sondern es erhöht sich gleichzeitig die Produktivität.

Darüber hinaus stellt eine solche stationäre Absicherung ein äußerst wertvoller Benefit dar, das von Mitarbeitern als echtes Privileg empfunden wird. Insbesondere vor dem Hintergrund, dass viele Menschen aufgrund bestehender Vorerkrankungen keine Möglichkeit haben, privat eine entsprechende Zusatzversicherung abzuschließen – entweder aufgrund von Ausschlüssen oder vollständiger Ablehnung durch Versicherer – gewinnt diese arbeitgeberfinanzierte Zusage zusätzlich an Bedeutung. Auch die finanzielle Belastung durch hohe Beiträge stellt für viele Beschäftigte ein Hindernis dar, sich selbst gegen hohe stationäre Kosten abzusichern. Die durch den Arbeitgeber übernommene und finanzierte Leistung wird daher als ein besonders großzügiger und gleichzeitig exklusiver Gesundheitsbenefit wahrgenommen.

Diese Form der Zusatzabsicherung schafft eine hohe emotionale Bindung an das Unternehmen. Mitarbeiter wissen, dass sie diesen wertvollen Schutz im Falle eines Arbeitsplatzwechsels verlieren würden. Das stärkt die Mitarbeiterbindung nachhaltig und macht das Unternehmen als Arbeitgeber deutlich attraktiver – vor allem im Vergleich zum Wettbewerb. Besonders in Zeiten des Fachkräftemangels ist das ein entscheidender Vorteil in der Personalgewinnung und -bindung.

Nicht zuletzt zeigt sich im unternehmerischen Alltag, dass eine erstklassige medizinische Versorgung mit bestverfügbarer Diagnostik und Therapiequalität langfristig die Gesundheit der Belegschaft stabilisiert und somit Ausfallkosten senkt. Die Investition in eine bKV mit stationärer Absicherung wirkt somit wirtschaftlich nachhaltig – und zahlt sich auf ganzer Linie aus.

Mentale Gesundheit

In einer zunehmend von psychischer Belastung geprägten Arbeitswelt gewinnt die betriebliche Krankenversicherung für Unternehmen strategisch wie ökonomisch an Bedeutung. Eingebettet in die soziale Verantwortung des Arbeitgebers bietet die bKV eine zielgerichtete Antwort auf die immensen Herausforderungen, die mit psychischen Erkrankungen am Arbeitsplatz einhergehen. Denn psychische Belastungen, Burnout und Depressionen sind längst keine Randphänomene mehr, sondern gehören heute zu den häufigsten Ursachen für krankheitsbedingte Fehlzeiten – mit oftmals überdurchschnittlich

langen Ausfallzeiten (Vgl. Abschn. 1.1.1). Für Unternehmen bedeutet dies eine signifikante wirtschaftliche Belastung, sowohl durch Absentismus als auch durch Präsentismus.
Umso wichtiger ist es, dass Arbeitgeber wirksame Maßnahmen ergreifen, die nicht nur das
Wohlbefinden ihrer Mitarbeiter stärken, sondern sich auch ökonomisch nachhaltig
auszahlen.

Moderne bKV-Konzepte rücken daher gezielt die mentale Gesundheit in den Fokus. Sie
schaffen niederschwellige, praxisnahe Zugänge zu professioneller Hilfe und eröffnen
Arbeitnehmern einen schnelleren Weg in therapeutische Versorgung – ohne lange Wartezeiten, die in vielen Fällen den Krankheitsverlauf verschärfen und die Rückkehr an den
Arbeitsplatz verzögern.

Ein weiterer entscheidender Vorteil der betrieblichen Krankenversicherung liegt in
ihrer Funktion als überbrückende Soforthilfe im oft langwierigen Prozess der therapeu-
tischen Versorgung. Gerade in psychischen Krisensituationen, in denen Betroffene dringend Unterstützung benötigen, scheitert die schnelle Hilfe häufig an der Realität über-
lasteter Versorgungssysteme. Wartezeiten auf einen Therapieplatz oder eine Aufnahme in
eine psychosomatische Einrichtung betragen nicht selten mehrere Monate – eine kritische
Zeitspanne, in der sich Beschwerden verschärfen und Arbeitsunfähigkeiten verlän-
gern können.

Hier setzt die bKV mit niedrigschwelligen, sofort nutzbaren Angeboten an: Leistungen
wie eine rund um die Uhr erreichbare Telefonhotline für psychologische Beratung oder
kurzfristig verfügbare Videosprechstunden mit Fachärzten und Therapeuten stellen eine
erste, stabilisierende Anlaufstelle dar. Sie können die Zeit bis zur regulären Aufnahme in
eine stationäre Einrichtung oder zur ambulanten Behandlung überbrücken – und somit
entscheidend dazu beitragen, dass akute Belastungssituationen nicht eskalieren. Diese
schnelle Erreichbarkeit vermittelt nicht nur Betroffenen das Gefühl, ernst genommen und
aufgefangen zu werden, sondern kann auch eine wichtige psychische Entlastung darstellen, die den Verlauf der Erkrankung positiv beeinflusst.

Für Unternehmen bedeutet dies wiederum: Durch diese frühzeitige Intervention kann
die Dauer psychischer Ausfallzeiten maßgeblich verkürzt und das Risiko einer Chronifizierung verringert werden. Die bKV fungiert damit als Brücke zwischen Bedarf und regu-
lärem Versorgungssystem – und leistet so einen essenziellen Beitrag zur Stabilisierung der
Arbeitnehmer in belastenden Phasen.

Konkret profitieren Beschäftigte von Anlaufstellen, die unter anderem eine rund um die
Uhr erreichbare Beratungshotline, Videosprechstunden mit Fachpersonal aus Psychothe-
rapie, Psychiatrie und Neurologie umfasst. Auch präventive Angebote, wie Erschöpfungs-
Prophylaxe und die Benennung geeigneter Fachkräfte und Einrichtungen, gehören zum
Portfolio. Diese Maßnahmen wirken nicht nur unterstützend im Akutfall, sondern entfal-
ten auch eine wichtige präventive Wirkung – das Risiko von Burnout oder chronischem
Stress kann so deutlich reduziert werden.

Die Integration solcher Leistungen in eine arbeitgeberfinanzierte bKV bietet Unternehmen doppelte Mehrwerte: Zum einen leisten sie damit einen aktiven Beitrag zur Stärkung
der Resilienz ihrer Belegschaft, fördern die Work-Life-Balance und signalisieren Wert-

schätzung gegenüber ihren Mitarbeitern. Zum anderen reduzieren sie durch schnellere Interventionsmöglichkeiten krankheitsbedingte Ausfallzeiten und senken so nachweislich die Kosten, die durch Langzeiterkrankungen oder verminderte Leistungsfähigkeit entstehen. Gerade in Zeiten, in denen das mobile Arbeiten und Homeoffice zwar Flexibilität bringen, aber auch soziale Isolation und psychische Belastungen verstärken können, gewinnt diese Art der betrieblichen Gesundheitsvorsorge an Relevanz.

Ein weiterer bedeutender Aspekt: Die bKV hilft nicht nur bei der frühzeitigen Intervention, sondern sensibilisiert zugleich für psychische Erkrankungen im betrieblichen Umfeld. Sie schafft eine Kultur der Offenheit, in der Symptome seelischer Erschöpfung nicht länger tabuisiert, sondern ernst genommen werden. Denn noch immer mangelt es in vielen Unternehmen an einem empathischen Umgang mit Betroffenen. Während körperliche Beschwerden häufig sofort Aufmerksamkeit erzeugen, bleiben Verhaltensänderungen, Rückzug oder Gereiztheit oft unbemerkt oder werden fehlinterpretiert – mit potenziell gravierenden Folgen für die Betroffenen und das Unternehmen.

Insgesamt zeigt sich: Investitionen in die mentale Gesundheit über die bKV leisten einen zentralen Beitrag zur betrieblichen Fürsorgepflicht, zur Mitarbeiterbindung und zum Unternehmenserfolg. Angesichts wachsender gesellschaftlicher, politischer und wirtschaftlicher Herausforderungen ist es höchste Zeit, psychischer Gesundheit dieselbe Priorität einzuräumen wie der körperlichen – sowohl in der öffentlichen Debatte als auch in der unternehmerischen Praxis. Arbeitgeber, die die mentale Gesundheit ihrer Mitarbeiter zur Chefsache erklären, handeln nicht nur verantwortungsvoll, sondern zukunftsorientiert und positionieren sich als attraktive Arbeitgeber in einem zunehmend umkämpften Arbeitsmarkt. Sie schaffen ein Arbeitsumfeld, das Resilienz stärkt, Produktivität fördert und langfristige Stabilität ermöglicht – zum Wohl der Beschäftigten und des Unternehmens gleichermaßen.

Arzttermin-Service

Lange Wartezeiten auf einen Facharzttermin sind im Rahmen der gesetzlichen Krankenversicherung nach wie vor die Regel. Für viele Betriebe stellt dies jedoch nicht nur ein gesundheitliches Problem für die Arbeitnehmer dar, sondern auch ein handfestes betriebswirtschaftliches Risiko. Genau an dieser Stelle setzt die betriebliche Krankenversicherung mit einem klaren Mehrwert auch für Unternehmen an: Die durch sie bereitgestellten Facharztterminservices ermöglichen eine deutlich schnellere Vermittlung von Arztterminen, was sich unmittelbar positiv auf die Gesundheit der Beschäftigten und die Effizienz betrieblicher Abläufe auswirkt.

Über die bKV erhalten Mitarbeiter in der Regel zeitnah einen Termin bei einem niedergelassenen Facharzt. Die Terminvereinbarung erfolgt unkompliziert über eine zentrale Hotline, bei der neben der medizinischen Dringlichkeit auch individuelle Parameter wie Fachrichtung, regionale Verfügbarkeit, gewünschter Umkreis, persönliche Wunschzeiten sowie eventuelle Ausschlusszeiten des Mitarbeiters berücksichtigt werden. Die bKV-Praxis zeigt eine durchschnittliche Verkürzung der Wartezeit auf einen Facharzttermin von rund sechs Wochen. Der schnelle Arzttermin führt in vielen Fällen zu einer schnelleren Diagnose, einem früheren Behandlungsbeginn und insgesamt einer deutlich verkürzten Krankheitsdauer.

▶ **Insbesondere in Situationen, in denen Mitarbeiter bereits krankgeschrieben sind, kann der Zeitfaktor einen entscheidenden Unterschied machen.** Denn während bei einer regulären GKV-Versorgung Wartezeiten von mehreren Wochen die Regel sind, verkürzt die bKV diesen Zeitraum mitunter auf nur wenige Tage. Dies führt zu einer schnelleren medizinischen Versorgung, verhindert potenzielle Chronifizierungen von Beschwerden und reduziert Ausfallzeiten signifikant. Eine rasche Rückkehr an den Arbeitsplatz wird dadurch gefördert.

Für die Beschäftigten stellt dieser Service einen spürbaren Mehrwert in ihrer Gesundheitsversorgung dar – für das Unternehmen ergibt sich daraus ein wirtschaftlich hoch relevanter Vorteil. Weniger Fehlzeiten, kürzere Ausfallperioden und eine insgesamt gesteigerte Mitarbeiterzufriedenheit wirken sich nachhaltig positiv auf Produktivität, Arbeitsklima und Betriebsergebnis aus. Die bKV mit Facharztterminservice ist somit nicht nur ein modernes Element der betrieblichen Fürsorge, sondern ein hochwirksames Instrument zur Stärkung der unternehmerischen Leistungsfähigkeit.

Gesundheitstelefon & Videosprechstunde

Der Einsatz von bKV mit integrierten Services wie Gesundheitstelefon und Videosprechstunden stellt nicht nur einen bedeutenden Mehrwert für die Belegschaft dar, sondern entfaltet auch auf unternehmerischer Ebene einen handfesten ökonomischen Nutzen – insbesondere durch die Reduzierung von krankheitsbedingten Ausfallkosten. Die Flexibilisierung medizinischer Versorgung spielt hierbei eine zentrale Rolle.

Durch die Möglichkeit, medizinische Beratung und Behandlung außerhalb regulärer Öffnungszeiten in Anspruch zu nehmen – sei es am späten Feierabend, an Wochenenden oder an Feiertagen – werden krankheitsbedingte Fehlzeiten effektiv verkürzt. Mitarbeiter können gesundheitliche Beschwerden direkt dann abklären, wenn sie auftreten, ohne auf einen regulären Arzttermin warten zu müssen. Diese unmittelbare Verfügbarkeit medizinischer Expertise rund um die Uhr – per Telefon oder Videosprechstunde – trägt entscheidend dazu bei, dass sich Krankheiten nicht verschleppen oder verschlimmern. Frühzeitige Diagnosen und Therapievorschläge mindern nicht nur gesundheitliche Risiken, sondern fördern eine schnellere Genesung und verkürzen Ausfallzeiten.

Ein weiterer wirtschaftlich relevanter Aspekt ist die Reduzierung der Ansteckungsgefahr in Wartezimmern. Insbesondere bei saisonalen Infektionswellen wie Grippe oder Erkältungskrankheiten stellt das Ausweichen auf digitale Sprechstunden eine wirksame Präventionsmaßnahme dar. Die virtuelle Beratung schützt somit nicht nur die betroffene Person, sondern auch Arbeitskollegen – ein Aspekt, der sich in sinkenden Abwesenheitszahlen widerspiegelt.

Das Gesundheitstelefon fungiert als erste niederschwellige Anlaufstelle für medizinische Fragen – 24 h am Tag, sieben Tage die Woche, auch in verschiedenen Sprachen. Es bietet schnelle Hilfe und gezielte Informationen bei akuten Beschwerden, chronischen Erkrankungen oder Therapieentscheidungen.

Die ärztliche Videosprechstunde ermöglicht darüber hinaus nicht nur die Beratung, sondern auch die Ausstellung von Privatrezepten – sogar an Wochenenden und Feiertagen – inklusive Versand an eine wohnortnahe Apotheke.

Für Unternehmen ergibt sich daraus ein signifikanter Mehrwert: Die gesundheitliche Versorgung wird nicht nur qualitativ aufgewertet, sondern auch logistisch optimiert. Lange Wartezeiten auf Arzttermine entfallen, die Hemmschwelle des Arztbesuchs wird gesenkt, und Mitarbeiter können gesundheitliche Anliegen schnell, effektiv und ortsunabhängig klären. Diese Maßnahmen führen zu einer spürbaren Reduktion krankheitsbedingter Ausfallkosten

Mehrsprachige Erreichbarkeit

Unternehmen haben inzwischen immer mehr Nationalitäten in der Belegschaft. Der demografische Wandel und der daraus resultierende Engpass an qualifizierten Arbeitskräften machen eine gezielte Zuwanderung notwendig. Laut einer aktuellen Studie des Instituts der deutschen Wirtschaft (IW) werden – setzt sich der derzeitige Trend fort – bis zum Jahr 2027 jährlich rund 285.000 Menschen aus dem Ausland in den deutschen Arbeitsmarkt einwandern.

Gerade in diesem Kontext leistet eine bKV mit mehrsprachig verfügbaren Angeboten wie Gesundheitstelefon, Videotelefonie sowie haptischer und digitaler Kommunikation einen wertvollen Beitrag zur erfolgreichen Integration internationaler Mitarbeiter. Sie bietet Unterstützung bei gesundheitlichen Fragestellungen in der jeweiligen Muttersprache der Beschäftigten und baut so sprachliche sowie kulturelle Barrieren gezielt ab. Durch die Möglichkeit, sensible gesundheitliche Themen in vertrauter Sprache zu klären, entsteht Vertrauen – ein zentraler Faktor, wenn es um die Inanspruchnahme von Gesundheitsleistungen geht.

▶ **Die mehrsprachige Verfügbarkeit macht die bKV für internationale Belegschaften unmittelbar erlebbar und schafft einen echten Mehrwert.** So erhöht sich insgesamt die Nutzungsquote der Gesundheitsleistungen – ein wesentlicher Vorteil sowohl für die Mitarbeiter als auch für das Unternehmen.

Reduzierung von Ausfallzeiten/-kosten durch betriebliche Pflegeleistungen

Mit dem fortschreitenden Alter der Bevölkerung steigt die Zahl pflegebedürftiger Menschen kontinuierlich an. Parallel dazu nimmt jedoch die Verfügbarkeit professioneller Pflegekräfte stetig ab. Diese Entwicklung hat direkte Auswirkungen auf die Erwerbsbevölkerung: Immer mehr Beschäftigte sehen sich mit der Situation konfrontiert, einen pflegebedürftigen Angehörigen betreuen zu müssen – häufig zusätzlich zu ihrer beruflichen Tätigkeit. 18 %[4] – also knapp einer von fünf deutschsprachigen Erwachsenen – pflegt

---

[4]Kassenärztliche Bundesvereinigung. (2018, Juli). *Versichertenbefragung 2018: Ergebnisse einer repräsentativen Bevölkerungsumfrage*. Abgerufen am 21.04.2025, von https://www.kbv.de/media/sp/Berichtband_KBV-Versichertenbefragung_2018.pdf.

aktuell jemanden aus der Familie oder eine nahe stehende Person bzw. hat dies in der jüngeren Vergangenheit getan. Die physischen und psychischen Belastungen, die mit der Pflege Angehöriger einhergehen, sind enorm: 57 % der Pflegenden erleben eine starke bis sehr starke körperliche Belastung, während 78 % eine hohe emotionale Beanspruchung angeben.

Die Folge des Spagats ist, dass 61 % der Erwerbstätigen bereit wären, ihre Arbeitszeit zu reduzieren, um die Pflege eines nahestehenden Menschen zu übernehmen.[5] Besonders im Akutfall, wenn Mitarbeiter ganz plötzlich mit einer Pflegeaufgabe konfrontiert werden, würde die Arbeitszeit öfter und schneller gedrosselt als bei Angehörigen, die langsam in die neue Situation hineinwachsen können. In derartigen Fällen ist Unterstützung von Seiten der Arbeitgeber enorm wichtig.

Diese Doppelbelastung birgt erhebliche betriebswirtschaftliche Risiken, die in Form von erhöhtem Absentismus, Präsentismus, Arbeitszeitreduktionen und Fluktuation messbar sind.

Betriebliche Pflegelösungen gewinnen in diesem Kontext zunehmend an Bedeutung – nicht nur aus einer sozialen Verantwortungsperspektive, sondern auch unter dem Gesichtspunkt der Wirtschaftlichkeit. Der sogenannte Return on Investment (ROI) von betrieblichen Unterstützungsangeboten für pflegende Beschäftigte bemisst sich dabei unter anderem durch die Reduzierung vermeidbarer Ausfallzeiten und -kosten. Der Fokus liegt auf dem Erhalt der Beschäftigungszeit und der langfristigen Arbeitsfähigkeit von Mitarbeitern, die durch familiäre Pflegeverpflichtungen potenziell in ihrer Erwerbstätigkeit eingeschränkt sind.

Eine Umfrage des Wissenschaftlichen Instituts der AOK (WIdO) aus dem Jahr 2024 verdeutlicht die Dringlichkeit des Themas: Mehr als die Hälfte der Befragten gab an, wöchentlich rund 31 h[6] oder mehr für die Angehörigenpflege aufzuwenden – die mit ihrem Angehörigen im gleichen Haushalt lebt, gibt durchschnittlich 47 h und mehr pro Woche an.

Die Vereinbarkeit von Beruf, Familie und Pflege ist für viele ein zentrales Problem. Laut dem DGB-Index[7] nennen 67 % der in Teilzeit Beschäftigten „bessere Vereinbarkeit,

[5] Techniker Krankenkasse. (2018). *Meinungspuls Pflege: Umfrage zur Pflegebereitschaft in Deutschland*. Abgerufen am 21.04.2025, von https://www.health-for-all.de/wp-content/uploads/2025/06/Meinungspuls-Pflege-2018.pdf.

[6] Schwinger, A., & Zok, K. (2024). *Häusliche Pflege im Fokus: Eigenleistungen, Belastungen und finanzielle Aufwände (WIdO-monitor 1/2024)*. Wissenschaftliches Institut der AOK (WIdO). Abgerufen am 21.04.2025, von https://www.wido.de/fileadmin/Dateien/Dokumente/Publikationen_Produkte/WIdOmonitor/wido-monitor_1_2024_pflegehaushalte.pdf.

[7] DGB-Index Gute Arbeit (2017). *DGB-Index Gute Arbeit:* Der Report 2017 – Vereinbarkeit von Arbeit und Privatleben. Deutscher Gewerkschaftsbund. Abgerufen am 21.04.2025, von https://index-gute-arbeit.dgb.de/++co++614dfaea-bee1-11e7-98bf-52540088cada

DGB-Index Gute Arbeit (2018, 2024). *DGB-Index Gute Arbeit:* Der Report 2018, 2024 – Vereinbarkeit von Arbeit und Privatleben. Deutscher Gewerkschaftsbund. Abgerufen am 21.04.2025, von https://index-gute-arbeit.dgb.de/veroeffentlichungen/jahresreports.

um ihren privaten Verpflichtungen nachkommen zu können", als Grund für ihre Teilzeitarbeit. Unter Frauen ist mit 71 % der Anteil deutlich höher als unter Männern mit 40 %. Über die Hälfte der Beschäftigten mit Pflegeverantwortung wünscht sich die Möglichkeit von betrieblichen Auszeiten (61 %).

Für Unternehmen ergibt sich daraus ein erhebliches Kostenrisiko. Laut einer Studie[8] entstehen durch Absentismus, Präsentismus und Fluktuation durchschnittlich 14.154 € jährlich pro Mitarbeiter, der einen pflegebedürftigen Angehörigen zu Hause versorgt.

Betriebliche Maßnahmen zur Unterstützung von Beschäftigten, sich um pflegebedürftige Angehörige kümmern, sind ein wichtiges Instrument der Fachkräftesicherung.

Investitionen in betriebliche Pflegelösungen können somit nicht nur zur Entlastung der betroffenen pflegenden Mitarbeiter beitragen, sondern auch einen klar bezifferbaren wirtschaftlichen Nutzen erzeugen. Die betriebliche Pflegepolitik wird damit zu einem zentralen Hebel moderner Personalstrategie im demografischen Wandel.

Folgende Leistungen der Betrieblichen Pflegeversicherung – als Teil der Betrieblichen Krankenversicherung bieten zielgerichtete Wirkung auf den ROI:

Pflegeleistungen aus der bPV

Mit einer betrieblichen Pflegeversicherung (bPV) bieten Unternehmen ihren Mitarbeitern eine wertvolle Unterstützung, die weit über eine bloße finanzielle Entlastung hinausgeht. Betroffene Beschäftigte werden bei der Betreuung pflegebedürftiger Angehöriger entlastet – etwa durch organisatorische Hilfen und professionelle Pflegeberatung, die rund um die Uhr über eine Service-Hotline erreichbar ist. Persönliche Ansprechpartner, Pflege- und Demenzberatung sowie Unterstützung bei der Beschaffung notwendiger Unterlagen und Bescheinigungen nehmen Mitarbeiter nicht nur organisatorischen Aufwand ab, sondern sorgen auch für emotionale Entlastung. Zusätzlich werden durch Haushaltshilfen, Kurzzeitpflegekräfte oder ambulante Dienste konkrete zeitliche Freiräume geschaffen, die der Regeneration und dem Erhalt der Arbeitsfähigkeit dienen.

Auch organisatorisch profitieren Betriebe von der Einführung einer bPV. Die Vielzahl an Assistanceleistungen – von der Vermittlung geeigneter Pflegeeinrichtungen über psychosoziale Beratungsangebote bis hin zur Koordination ambulanter Hilfen und Fahrdienste – entlastet nicht nur die Betroffenen selbst, sondern auch interne administrative Strukturen. Pflegebedingte Anliegen müssen nicht ad hoc im Betrieb gelöst werden, sondern können auf ein professionelles Netzwerk der Dienstleister ausgelagert werden

Zusätzlich wirkt die bPV präventiv: Schulungsangebote zur Pflege, die Vermittlung von Selbsthilfegruppen oder die Mediation bei familiären Konflikten helfen dabei, Belastungen frühzeitig zu erkennen und gezielt gegenzusteuern.

---

[8] Schneider, H., Heinze, J., & Hering, D. (2011, Mai). *Betriebliche Folgekosten mangelnder Vereinbarkeit von Beruf und Pflege. In Carers@Work – Zwischen Beruf und Pflege: Konflikt oder Chance?* (S. 3). FFP Forschungszentrum Familienbewusste Personalpolitik. Abgerufen am 21.04.2025, von https://www.ffp.de/files/dokumente/2011/factsheet_folgekosten-pflege.pdf.

Fakt: Die betriebswirtschaftlichen Effekte der bPV sind klar messbar: Indem sie Ausfallzeiten reduziert, wirkt sie direkt auf die Produktivität ein. Mitarbeiter können ihren beruflichen Verpflichtungen nachkommen, ohne ihre familiäre Verantwortung zu vernachlässigen. Die Möglichkeit, häusliche Pflegeaufgaben und berufliche Ambitionen miteinander zu vereinbaren, erhöht nicht nur die individuelle Motivation, sondern stabilisiert langfristig das Arbeitskräftepotenzial innerhalb des Unternehmens. Gleichzeitig leistet die bPV einen wertvollen Beitrag zur Positionierung des Unternehmens als moderner und verantwortungsvoller Arbeitgeber. Eine familien- und pflegebewusste Personalpolitik, die sich glaubhaft um die Vereinbarkeit von Beruf und Privatleben bemüht, wirkt sich positiv auf das Employer Branding aus. Gerade vor dem Hintergrund des Fachkräftemangels stellt dies einen entscheidenden Wettbewerbsfaktor dar. Unternehmen, die Pflege aktiv in ihre Personalstrategie integrieren, beweisen soziale Verantwortung und stärken ihre Glaubwürdigkeit gegenüber Mitarbeiter, Bewerber sowie gegenüber der Öffentlichkeit.

Auch die finanzielle Komponente kommt nicht zu kurz. Je nach gewähltem Konzept können Leistungen wie beispielsweise Grundpflege, Kostenübernahme für Hausnotrufsysteme, Pflegehilfsmittel oder Fahrdienste übernommen werden – all dies trägt zur weiteren finanziellen Entlastung der Mitarbeiter bei.

Insgesamt zeigt sich, dass die betriebliche Pflegeversicherung ein wirkungsvolles Instrument zur ökonomischen Stabilisierung und strategischen Weiterentwicklung des Unternehmens darstellt.

3.1.1 Return on Investment (ROI) durch Stärkung der Leistungsfähigkeit

Reduzierung Ausfallkosten

Eine betriebliche Krankenversicherung bietet einen effektiven und zugleich kostengünstigen Hebel, um Fehlzeiten nachhaltig zu reduzieren und so den Return on Investment durch gesteigerte Leistungsfähigkeit in Form von Mitarbeitergesundheit und -verfügbarkeit signifikant zu verbessern.

Absentismus- & Präsentismuskosten senken

Absentismus und Präsentismus sind zwei zentrale Phänomene der modernen Arbeitswelt, die sowohl aus arbeitspsychologischer als auch aus betriebswirtschaftlicher Sicht von hoher Relevanz sind. Während Absentismus primär auf motivationsbedingte Fehlzeiten verweist, bei denen Mitarbeiter dem Arbeitsplatz fernbleiben, ohne dass eine medizinisch fassbare Erkrankung oder eine vertraglich geregelte Abwesenheit (z. B. Urlaub) vorliegt, beschreibt Präsentismus das Gegenteil: die physische Anwesenheit am Arbeitsplatz trotz Krankheit oder gesundheitlicher Beeinträchtigung.

Beide Verhaltensweisen sind für Unternehmen hochgradig problematisch – sowohl hinsichtlich der individuellen Arbeitsfähigkeit der Mitarbeiter als auch mit Blick auf die wirtschaftlichen Auswirkungen. Absentismus manifestiert sich häufig in wiederkehrenden Kurzzeitausfällen, insbesondere an Tagen wie Montag oder Freitag. Solche Muster können Hinweise auf ein nachlassendes Commitment zum Unternehmen oder eine innere Kündigung sein.

Bertriebe neigen oft dazu, Absentismus allein durch die Höhe des Krankenstandes zu messen. Diese Sichtweise ist jedoch unzureichend, da sie motivationsbedingte Ursachen für Fehlzeiten nicht differenziert betrachtet. Auch wird dabei häufig übersehen, dass Präsentismus – trotz physischer Anwesenheit – die produktiveren Abläufe stärker beeinträchtigen kann. Denn Mitarbeiter, die trotz gesundheitlicher Beschwerden arbeiten, sind nachweislich in ihrer Leistungsfähigkeit eingeschränkt. Sie machen häufiger Fehler, sind weniger konzentriert und benötigen für die Erledigung ihrer Aufgaben mehr Zeit. Dadurch entstehen nicht nur Qualitätsverluste und Produktivitätseinbußen, sondern auch Risiken für die Arbeitssicherheit und das Teamgefüge.

Die sogenannte Stanford-Formel[9] bringt die Problematik von Präsentismus eindrücklich auf den Punkt: Rund 20 % der Belegschaft erscheinen trotz Erkrankung zur Arbeit – bei einer durchschnittlichen Leistungsminderung von 25 %. Diese Leistungseinbußen summieren sich erheblich. Schätzungen zufolge entstehen pro Mitarbeiter jährlich im Durchschnitt rund 2400 € Kosten durch krankheitsbedingte Produktivitätsverluste, Fehler und Arbeitsunfälle. Hinzu kommt, dass etwa 21 % der Beschäftigten trotz ärztlichen Rats im letzten Jahr krank zur Arbeit gingen – ein alarmierender Wert.

Die Gründe für Präsentismus sind vielfältig: Angst vor Arbeitsplatzverlust, Loyalität gegenüber Kollegen, hoher Leistungsdruck oder finanzielle Sorgen aufgrund von Kürzungen der Lohnfortzahlung. Besonders betroffen sind Beschäftigte mittleren Alters. Bei einer Umfrage[10] zur Verbreitung von chronischen Krankheiten gaben rund 45 % der Befragten an, eine oder mehrere lang andauernde Erkrankungen zu haben, die regelmäßig behandelt werden muss bzw. müssen. Chronisch erkrankte Mitarbeiter stehen somit in besonderem Maße vor der Herausforderung, ihre Arbeitsfähigkeit aufrechtzuerhalten.

Aus unternehmerischer Sicht ist es essenziell, beide Phänomene – Absentismus und Präsentismus – ganzheitlich zu betrachten. Denn die daraus resultierenden wirtschaftlichen Schäden sind erheblich und betreffen nicht nur das einzelne Unternehmen, sondern auch die Volkswirtschaft als Ganzes. Aufgaben, die aufgrund von Fehlzeiten liegenbleiben, müssen häufig von anderen Mitarbeitern unter zusätzlicher Belastung übernommen werden. Dies kann einen Teufelskreis aus Überlastung, weiteren Krankmeldungen und damit

---

[9] Universität Stanford. (n.d.). *Stanford-Formel: Studie zur Problematik von Präsentismus.*

[10] KBV. (23. August, 2021). *Versichertenbefragung.* Abgerufen am 21.04.2024, von https://www.kbv.de/media/sp/2021_KBV-Versichertenbefragung_Berichtband.pdf.

steigenden Kosten in Gang setzen. Zudem entstehen zusätzliche Aufwendungen für Vertretungslösungen, Wiedereingliederungen und betriebliche Gesundheitsmaßnahmen.

Mit Blick auf die ökonomischen Auswirkungen zeigt sich: Sowohl Absentismus als auch Präsentismus sind für Unternehmen kostenintensive Herausforderungen. Während motivationsbedingte Fehlzeiten beim Absentismus kurzfristig personelle Engpässe und organisatorische Umverteilungen erfordern, wirkt sich Präsentismus oft schleichender, aber tiefgreifender aus. Mitarbeiter sind zwar physisch anwesend, bringen jedoch krankheitsbedingt nicht ihre volle Leistungsfähigkeit ein. Dies führt zu einem erheblichen Produktivitätsverlust, der häufig unterschätzt wird – mit direkten finanziellen Folgen.

> **Fakt:** Die Abb. 3.1 veranschaulicht eindrücklich, wie stark die Produktivität bei verschiedenen Krankheitsbildern eingeschränkt sein kann. Dabei wird deutlich: Der Produktivitätsverlust ist signifikant höher bei Präsentismus als bei der Gegenform Absentismus. Dieser Rückgang der Leistungsfähigkeit schlägt sich unmittelbar in wirtschaftlichen Kosten für Unternehmen nieder – ein Befund, der die Dringlichkeit unterstreicht, beide Phänomene systematisch zu erfassen und durch gezielte Maßnahmen im Rahmen des betrieblichen Gesundheitsmanagements entgegenzuwirken.

3.1.2   Return on Investment (ROI) durch Stärkung der Leistungsbereitschaft

Der Mehrwert einer bKV beschränkt sich allerdings nicht auf den gesundheitlichen Schutz der Belegschaft – deren Leistungsfähigkeit. Die bKV entfaltet ihre Wirkung auch auf der zweiten zentralen Ebene: der Stärkung der Leistungsbereitschaft.

Ein Unternehmen profitiert nicht nur von gesünderen, sondern auch von engagierteren, loyaleren und motivierteren Mitarbeitern. Diese Faktoren wirken sich unmittelbar auf zentrale wirtschaftliche Kennzahlen aus – von der Produktivität über die Mitarbeiterbindung bis hin zur Reduktion kostenintensiver Fluktuation. Gleichzeitig unterstützt die bKV aktiv den Aufbau einer starken Arbeitgebermarke und steigert die Attraktivität im Wettbewerb um qualifizierte Fach- und Führungskräfte.

Die folgenden Abschnitte zeigen auf, wie die bKV durch verschiedene Wirkungsebenen konkret zur Verbesserung des ROI beitragen kann.

3.1.2.1 Stärkung der Mitarbeitermotivation, -zufriedenheit und -loyalität

Die bKV wirkt als Katalysator für zentrale weiche Faktoren wie Motivation, Zufriedenheit und emotionale Mitarbeiterbindung – Faktoren, die sich mittel- bis langfristig messbar im Return on Investment (ROI) widerspiegeln.

Beschäftigte profitieren durch die bKV von einem unkomplizierten und kostenfreien Zugang zu medizinischen Leistungen, etwa in Form von Erstattungen für Zuzahlungen,

Zahnreinigung oder alternativen Heilmethoden. Diese alltägliche Entlastung wird von Mitarbeitern nicht nur als funktionaler Vorteil wahrgenommen, sondern vor allem als Zeichen der Fürsorge und Wertschätzung durch den Arbeitgeber. Dieser Aspekt wirkt sich unmittelbar auf das subjektive Wohlbefinden und die intrinsische Motivation aus. Studien belegen, dass Mitarbeiter, die sich wertgeschätzt fühlen, leistungsbereiter, resilienter und weniger krankheitsanfällig sind – ein Effekt, der sich direkt auf Produktivität, Fehlzeiten und letztlich auf betriebswirtschaftliche Kennzahlen auswirkt.

▶ **Ein zentraler Einflussfaktor auf den ROI ergibt sich aus der gestärkten emotionalen Bindung, die durch die bKV gezielt gefördert werden kann.** Der jährliche Engagement-Index des Meinungsforschungsinstituts Gallup[11] zeigt in seiner Meta-Analyse eindrucksvoll, wie stark die emotionale Verbundenheit von Mitarbeiter mit deren Abwesenheit korreliert. **Beschäftigte mit hoher emotionaler Bindung verursachen 78 % weniger Fehlzeiten und bis zu 51 % geringere Fluktuation. Die betriebliche Krankenversicherung trägt maßgeblich dazu bei, diese Bindung zu stärken.** Dies ist nicht nur ein beachtlicher Hebel zur Reduktion von Fehlzeiten, sondern auch zur Senkung der Fluktuation und zum langfristigen Erhalt von Know-how im Unternehmen.

Besonders effektiv entfaltet sich die Wirkung der bKV, wenn sie als differenziertes System der Anerkennung gestaltet wird. So vermitteln etwa nach Betriebszugehörigkeit gestaffelte Modelle nicht nur gesundheitsfördernde Vorteile, sondern auch eine klare Botschaft: Langfristiges Engagement wird gesehen und belohnt. Diese Form der Wertschätzung fördert nicht nur die Loyalität, sondern sendet auch nach außen ein starkes Signal. Das Unternehmen wird als attraktiver Arbeitgeber wahrgenommen, der die Bedürfnisse seiner Belegschaft ernst nimmt und zukunftsfähige Antworten auf die Herausforderungen des modernen Arbeitsmarkts bietet.

Vor dem Hintergrund des demografischen Wandels zeigt sich zusätzlich das Potenzial der bKV als generationenübergreifende Maßnahme. Eine altersgemischte Belegschaft bringt heterogene Anforderungen an die Gesundheitsversorgung mit sich: Jüngere Mitarbeiter der Generationen Y und Z legen verstärkt Wert auf präventive Leistungen und finanzielle Erleichterungen im Gesundheitsbereich, während ältere Beschäftigte einen schnellen Zugang zur medizinischen Versorgung, hochwertige Vorsorgeuntersuchungen und individuell angepasste Heil- und Hilfsmittel schätzen. Eine modulare oder budgetbasierte Gestaltung der bKV ermöglicht es, diesen unterschiedlichen Bedürfnissen gerecht zu werden und so die Leistungsfähigkeit aller Generationen im Unternehmen langfristig zu sichern.

---

[11] Gallup. (2024, Mai). *Auswirkungen von emotionaler Bindung: Gallup Meta-Analyse [Pressemitteilung]*. Abgerufen am 21.04.2025, von https://www.gallup.com/de/472028/bericht-zum-engagement-index-deutschland.aspx.

Die Integration der bKV in eine demografiebewusste Personalstrategie leistet damit nicht nur einen Beitrag zur Mitarbeitergesundheit, sondern sichert gleichzeitig wertvolle Erfahrungs- und Fachkompetenz – insbesondere der Babyboomer-Generation – im Unternehmen. Dies ist ein entscheidender Erfolgsfaktor in einer Arbeitswelt, in der Wissenstransfer, Kontinuität und Stabilität zunehmend erfolgskritisch werden.

Insgesamt sendet die bKV ein starkes Signal der Fürsorge und Wertschätzung. In einer Zeit, in der Arbeitgeberattraktivität und emotionale Bindung zentrale Differenzierungsmerkmale im Wettbewerb um qualifizierte Fachkräfte darstellen, wirkt die bKV als strategisches Bindungsinstrument mit direktem Einfluss auf den wirtschaftlichen Erfolg. Studien belegen, dass Gesundheitsbenefits überdurchschnittlich zur Mitarbeiterzufriedenheit beitragen. Zufriedene Mitarbeiter bleiben ihrem Unternehmen länger treu, identifizieren sich stärker mit dessen Zielen und bringen auch in herausfordernden Zeiten ein hohes Maß an Einsatzbereitschaft ein. Die betriebliche Krankenversicherung entwickelt sich so zu einem zentralen Element moderner Unternehmenskultur – und zu einem klar messbaren Erfolgsfaktor im Rahmen einer zukunftsorientierten Personalstrategie.

3.1.2.2 Reduzierung von Fluktuation und der damit verbundenen Kosten

Ein entscheidender Faktor für die langfristige wirtschaftliche Stabilität und Wettbewerbsfähigkeit von Unternehmen ist die Reduzierung der Mitarbeiterfluktuation – und damit verbunden die gezielte Investition in Maßnahmen zur Mitarbeiterbindung. Denn Fluktuation verursacht nicht nur erhebliche organisatorische Unruhe, sondern auch erhebliche direkte und indirekte Kosten, die den Return on Investment eines Unternehmens empfindlich belasten können. Vor diesem Hintergrund gewinnt insbesondere die betriebliche Krankenversicherung als strategisches Bindungsinstrument zunehmend an Bedeutung.

Fluktuationskosten entstehen entlang mehrerer Phasen eines Personalwechsels. Sie umfassen zunächst Austrittskosten – also Aufwendungen für administrative Prozesse, Entgeltfortzahlungen, Resturlaubsansprüche oder mögliche Abfindungen. Es folgen die Recruitingkosten, die sich aus der Erstellung von Stellenausschreibungen, der Durchführung von Auswahlverfahren, dem Einsatz von internen/externen Personalagenturen sowie administrativem Aufwand zusammensetzen. Je nach Position und Branche können diese Kosten der zu besetzenden Stelle laut Experten 125 % betragen – in Einzelfällen sogar bis 200 %, etwa bei qualifizierten Fach- oder Führungskräften.

Noch gravierender sind jedoch die indirekten Kosten. Dazu zählen vor allem Opportunitätskosten. Der temporäre Wegfall von Know-how, Leistungseinbußen durch längere Einarbeitungszeiten sowie vorübergehende Produktivitätseinbußen belasten nicht nur die operativen Abläufe, sondern führen auch zu messbaren Umsatzverlusten. Hinzu kommen Onboarding-Kosten für die Ausstattung des Arbeitsplatzes, Schulungsmaßnahmen und interne Mentoring Prozesse. Diese unsichtbaren, aber realen Belastungen summieren sich über die Zeit zu einem erheblichen Kostenblock.

Vor diesem Hintergrund zeigt sich: Eine strategisch ausgerichtete Investition in Mitarbeiterbindung ist betriebswirtschaftlich hoch rentabel. Besonders die Einführung einer betrieblichen Krankenversicherung hat sich hier als präventive Maßnahme bewährt. Sie wirkt nicht nur als monetärer Zusatznutzen, sondern vermittelt Beschäftigten auch Wertschätzung und Fürsorge seitens des Arbeitgebers – zwei zentrale Treiber emotionaler Bindung.

▶ **Laut einer repräsentativen GfK-Befragung**[12] **kann eine betriebliche Krankenversicherung die Fluktuation in Unternehmen um bis zu 50 % senken.** Eine Arbeitgeber-/Arbeitnehmerbefragung ergab, dass bei Unternehmen, die eine bKV implementiert haben, die Fluktuationsquote nur halb so hoch ist, wie bei Firmen ohne bKV. Diese Effekte schlagen sich direkt in einer verbesserten Kosteneffizienz und einem deutlich gesteigerten ROI nieder.

Unternehmen, die gezielt in Leistungen wie die bKV investieren, verschaffen sich dadurch nicht nur einen Vorsprung in der Rekrutierung, sondern senken zugleich ihre Wiederbesetzungskosten erheblich.

Darüber hinaus bringt eine starke Mitarbeiterbindung mittel- bis langfristig weitere positive Effekte mit sich: Sie verbessert das Betriebsklima, reduziert krankheitsbedingte Ausfälle, erhöht die Weiterempfehlungsbereitschaft und stärkt nachhaltig das Employer Branding. Somit wird aus der zunächst als „weiche" Maßnahme wahrgenommenen Investition ein handfester Wettbewerbsvorteil mit hohem wirtschaftlichem Wirkungsgrad.

▶ **Zusammenfassend lässt sich festhalten:** Die Reduzierung der Mitarbeiterfluktuation ist kein rein personalwirtschaftliches Ziel, sondern ein zentraler Hebel zur Steigerung des unternehmerischen ROI. Darüber hinaus wirkt die bKV als Ausdruck gelebter Fürsorge – und stärkt damit auch weiche Faktoren wie Arbeitgeberattraktivität, Mitarbeiterbindung und Motivation. Die erlebbare Gesundheitsfürsorge wird nicht als standardisierte Zusatzleistung wahrgenommen, sondern als echtes Privileg zur Stärkung der Mitarbeitergesundheit.

3.1.2.3 Stärkung der Arbeitgebermarke und Steigerung der Attraktivität

Eine strategisch implementierte bKV signalisiert Modernität, Mitarbeiterorientierung und gesellschaftliche Verantwortung – alles Eigenschaften, die eine attraktive Arbeitgebermarke auszeichnen. Diese Merkmale tragen wesentlich zur positiven Außenwahrnehmung bei und stärken zugleich das interne Employer Branding. Die Sichtbarkeit am Arbeitsmarkt steigt, die Glaubwürdigkeit der Unternehmenskultur wird gestärkt und die emotionale Bindung der Mitarbeiter gefördert. **In Branchen mit hohem Konkurrenzdruck um Fachkräfte kann die bKV somit zum ausschlaggebenden Entscheidungsfaktor für Bewerber avancieren. Eine Arbeitnehmerbefragung**[13] **hat bestätigt: Die bKV gehört**

---

[12] GfK. (2015). *Arbeitgeber-/Arbeitnehmerbefragung: Betriebliche Krankenversicherung (bKV) und Mitarbeiterbindung.* Studie im Auftrag der Allianz.

[13] infas quo. (2021). *Arbeitgeber-/Arbeitnehmerbefragung zur betrieblichen Krankenversicherung und Mitarbeiterbindung.* Studie im Auftrag der Allianz.

zu den beliebtesten Personalzusatzleistungen bei Mitarbeitern und kann auch bei der Auswahl eines neuen Arbeitgebers die Entscheidung positiv beeinflussen.

Der Nutzen für Unternehmen ist vielschichtig und vor allem ökonomisch relevant. So führt eine attraktive Arbeitgebermarke in der Regel zu einer signifikanten Reduktion der Time-to-Hire. Die Besetzungsdauer offener Stellen verkürzt sich, da die Anzahl qualifizierter Bewerbungen steigt und gleichzeitig die Passgenauigkeit der Kandidaten zunimmt. Daraus resultieren geringere Kosten im Recruitingprozess: Es müssen weniger Vorstellungsgespräche geführt werden, und der administrative Aufwand reduziert sich messbar. In der Folge sinken sowohl direkte Kosten (z. B. für Stellenanzeigen und externe Personalberater) als auch indirekte Opportunitätskosten (z. B. durch entgangene Produktivität bei längerer Vakanz). Gleichzeitig verbessert sich die Qualität der Einstellungen – ein Faktor, der mittel- bis langfristig die Produktivität erhöht und so direkt auf den Unternehmensgewinn einzahlt.

▶ Darüber hinaus trägt eine starke Arbeitgebermarke maßgeblich zur Mitarbeiterbindung bei. Die Integration von Zusatzleistungen wie der bKV wirkt der Fluktuation entgegen und erhöht die emotionale Loyalität der Beschäftigten. **Laut einer Forsa-Umfrage[14] betrachten 75 % der befragten Unternehmer die bKV als zentrales Instrument zur Mitarbeiterbindung, 67 % bewerten sie sogar als das wichtigste Mittel zur Gewinnung neuer Mitarbeiter. Diese Kennzahlen unterstreichen die strategische Relevanz der bKV im HR-Management.**

Insgesamt zeigt sich: Die betriebliche Krankenversicherung ist weit mehr als ein freiwilliger Benefit – sie ist ein leistungsstarkes Instrument der Arbeitgebermarkenbildung mit hohem wirtschaftlichem Wirkungsgrad. Unternehmen, die sich zukunftsorientiert aufstellen und ihre Arbeitgeberattraktivität durch moderne Benefits stärken, profitieren von einem klaren Wettbewerbsvorteil: bessere Bewerber, kürzere Vakanzzeiten, gesenkte Recruitingkosten und langfristig eine höhere Mitarbeiterzufriedenheit. All diese Effekte zahlen unmittelbar auf den ROI ein und machen Employer Branding mit Fokus auf bKV zu einer lohnenden Investition in die unternehmerische Zukunft.

> **Fakt:** Die betriebliche Krankenversicherung wirkt als vielschichtiges Wertschätzungsinstrument, das sowohl individuelle Bedürfnisse als auch unternehmerische Ziele adressiert. Sie stärkt die emotionale Mitarbeiterbindung, reduziert Fehlzeiten, steigert die Motivation und Leistungsfähigkeit und liefert somit einen klaren Mehrwert für Unternehmen – in Form eines verbesserten Return on Investment.

---

[14] Forsa. (2012, November). *Arbeitgeberperspektive betriebliche Krankenversicherung.* Umfrage im Auftrag der CSS.

3.1.3 bKV versus BGM, Benefit, Gehaltserhöhung

Wer gutes Personal gewinnen und halten will, muss ihm etwas bieten. Dabei treten verschiedene Maßnahmen zur Mitarbeiterbindung und -motivation in den Vordergrund: klassische Gehaltserhöhungen, Benefits, sowie Maßnahmen des Betrieblichen Gesundheitsmanagements (BGM). In diesem Spannungsfeld gewinnt ein Instrument zunehmend an Bedeutung: die betriebliche Krankenversicherung (bKV).

Die bKV sticht durch ihre hohe Wertigkeit für die gesamte Belegschaft hervor. Sie signalisiert eine spürbare Wertschätzung seitens des Arbeitgebers und wird von Beschäftigten als konkrete, persönlich erfahrbare Verbesserung ihrer Lebens- und Gesundheitsqualität wahrgenommen. Während andere Benefits häufig abstrakt oder nur bedingt individuell nutzbar sind, punktet die bKV durch ihren unmittelbaren Nutzen und ihre Relevanz im Alltag. Gerade im Vergleich zu allgemeinen BGM-Maßnahmen, die oft eher präventiv und kollektiv ausgerichtet sind, oder monetären Anreizen, die mitunter schnell verpuffen, bietet die bKV einen nachhaltigen Mehrwert.

Dieses Kapitel beleuchtet, warum die betriebliche Krankenversicherung im direkten Vergleich mit klassischen Benefits, Gehaltserhöhungen und BGM-Initiativen besonders effektiv ist. Es wird gezeigt, wie sie in allen Bereichen überzeugt – als Benefit mit Substanz, als Element moderner Gesundheitsförderung und als intelligente Alternative oder Ergänzung zur Gehaltserhöhung. Die bKV ist damit mehr als nur ein Zusatzangebot: Sie ist ein strategisches Instrument zur Steigerung der Arbeitgeberattraktivität im Wettbewerb um die besten Köpfe.

bKV im Vergleich zum Betrieblichen Gesundheitsmanagement
Viele Maßnahmen im Rahmen des BGM, etwa der berühmte Obstkorb oder punktuelle Gesundheitstage, erzeugen keinen echten Return on Investment (ROI). Der Grund: Sie sind oft wenig individuell, werden von vielen Mitarbeitern nicht oder kaum genutzt, und scheitern an mangelnder Akzeptanz oder praktischer Erreichbarkeit – gerade in Zeiten des mobilen Arbeitens oder bei dezentral organisierten Unternehmen.

Die bKV geht hier einen entscheidenden Schritt weiter. Sie ist **individuell nutzbar – dort, wo der einzelne Mitarbeiter sie wirklich braucht**: beim Arzt, Zahnarzt, Heilpraktiker des Vertrauens oder in der Apotheke vor Ort – **unabhängig vom Unternehmensstandort oder vom Homeoffice.** Gerade für Berufsgruppen wie Außendienstmitarbeiter, Speditionsfahrer oder Mitarbeiter in überregional verteilten Firmenstrukturen bietet die bKV eine wertvolle Ergänzung zum klassischen BGM. Sie leistet konkrete Beiträge zur Prävention und Gesundheitsförderung, beispielsweise durch Vorsorgeuntersuchungen oder psychologische Unterstützungsangebote, die **körperliche wie seelische Belastungen wirksam vorbeugen**. So unterstützt die bKV nicht nur die individuelle Gesunderhaltung, sondern trägt messbar zur Leistungsfähigkeit und Motivation im Unternehmen bei.

bKV im Kontext klassischer Benefits

Benefits sind ein wichtiger Faktor, um Mitarbeiter zu gewinnen. Zudem sind Corporate Benefits eine hervorragende Maßnahme, um Werte spürbar im Arbeitsalltag zu verankern und gleichzeitig sichtbar nach außen zu transportieren. In der Vergangenheit galten Sachleistungen wie Tankgutscheine, Dienstwagen oder Diensthandys als attraktive Zusatzangebote. Heute stehen diese Benefits zunehmend auf dem Prüfstand: **Sie erzeugen keinen ROI und werden von Mitarbeitern heutzutage oft als wenig attraktiv empfunden.** Die Arbeitswelt hat sich gewandelt – damit auch die Welt der Benefits. Unternehmen müssen ihre Benefits daher neu denken und an die veränderten Lebens- und Arbeitsrealitäten anpassen.

▶ Die Datenlage[15] zeigt eine klare Präferenz: Laut einer Umfrage zählt die bKV zu den **fünf beliebtesten Personalzusatzleistungen**, was nicht zuletzt auf ihren konkreten Nutzen und die emotionale Komponente der Wertschätzung zurückzuführen ist. **63,3 % der deutschen Beschäftigten würden es begrüßen, wenn ihr Arbeitgeber eine betriebliche Krankenversicherung als Zusatzleistung anbieten würde – in der Gruppe der 18- bis 29-Jährigen liegt die Zustimmung sogar bei 71,9 %. Fast 44,8 % schätzen eine vom Arbeitgeber finanzierte bKV wertvoller ein als andere Zusatzleistungen.**

Die bKV ist **ein Benefit für alle Generationen** – altersunabhängig, lebensnah und flexibel. Sie ist **nicht an Ort oder Zeit gebunden**, sondern wirkt im Alltag, dort wo es zählt. In einer durch Homeoffice, hybride Teams und „Out-of-Office"-Strukturen geprägten Arbeitswelt wird eines für Mitarbeiter besonders wichtig: Gesundheitsangebote müssen für alle zugänglich sein – jederzeit und überall.

Die Botschaft ist eindeutig: **Die bKV als sogenanntes Corporate Benefit ersetzt veraltete Benefits durch einen zeitgemäßen Mehrwert** – individuell, gesundheitsorientiert und mit nachhaltiger Bindungswirkung.

Praxisfall: Konsumgutscheine oder Gesundheit? – Wie ein Unternehmen den Wandel zur bKV schaffte

Im vergangenen Jahr durfte ich als Spezialmakler für betriebliche Krankenversicherung (bKV) einen spannenden Transformationsprozess bei einem mittelständischen Betrieb mit rund 350 Mitarbeitern begleiten. Im Rahmen eines meiner Vorträge wurde das Unternehmen erstmals auf das Thema bKV aufmerksam. Die Geschäftsführung, das HR-Team und Betriebsrat-Gremium prüften im Anschluss intensiv, inwiefern eine betriebliche Krankenversicherung ein attraktives Zusatzangebot für die Belegschaft

---

[15] Institut Civey. (2023, November). *Arbeitnehmerbefragung zur betrieblichen Krankenversicherung.* Umfrage im Auftrag des PKV-Verbands.

darstellen könnte. Schnell wurde klar: Das Interesse war groß – sowohl aus Unternehmenssicht zur Mitarbeiterbindung als auch aus Betriebsratsicht hinsichtlich eines echten Mehrwerts für die gesamte Belegschaft.

Allerdings stand der Einführung eine bereits etablierte Zusatzleistung im Weg: Seit Jahren erhielten die Mitarbeiter regelmäßig Konsumgutscheine im Rahmen des steuerfreien Sachbezugs. Diese Leistung war beliebt und galt innerhalb des Unternehmens beinahe als „unantastbar". Die Geschäftsleitung wollte die Entscheidung daher nicht einseitig treffen – setzte daher auf Transparenz und Beteiligung. Der Grundgedanke war demokratisch: Das Benefit, das von der Mehrheit der Mitarbeiter gewünscht wird, soll gelten.

In diesem Zuge wurde ich eingeladen, im Rahmen einer Betriebsversammlung die bKV vorzustellen. Vor versammelter Belegschaft durfte ich die konkreten Leistungen, Vorteile und Nutzungsmöglichkeiten erläutern – praxisnah und mit dem Fokus auf den persönlichen Gesundheitsnutzen. Im Nachgang organisierte das HR-Team gemeinsam mit dem Betriebsrat eine unternehmensweite Befragung unter dem Motto „Konsum versus Gesundheit". Die Mitarbeiter konnten frei entscheiden, welches Benefit künftig bestehen soll.

Das Ergebnis war eindeutig: 86 % der Belegschaft sprachen sich für die Einführung der bKV in Form eines Gesundheitsbudgets und gegen die bisherigen Konsumgutscheine aus.

Eine so klare Mehrheit war für HR überraschend. Galten die bisherigen Einkaufsgutscheine doch als „unantastbar", zeigte sich nun, wie hoch der wahrgenommene Wert der betrieblichen Krankenversicherung tatsächlich ist.

Inzwischen wurde die bKV im Rahmen einer Betriebsvereinbarung als Kollektivzusage für alle Beschäftigte erfolgreich eingeführt, die Mitarbeiter nutzen die Leistungen aktiv und äußern sich durchweg positiv. Das Unternehmen wiederum profitiert von gesteigerter Zufriedenheit, einer modernen Benefit-Struktur und einem starken Argument im Wettbewerb um Fachkräfte.

Dieser Fall zeigt eindrucksvoll, wie sich auch lang etablierte Benefits hinterfragen lassen – wenn echte Mehrwerte greifbar und nachvollziehbar präsentiert werden. ◄

bKV im Vergleich zur Gehaltserhöhung

Geld ist nicht alles – das zeigt sich besonders eindrucksvoll im Vergleich zwischen klassischen Gehaltserhöhungen und sinnvollen Zusatzleistungen wie der betrieblichen Krankenversicherung (bKV). Während Gehaltserhöhungen häufig nur kurzfristig wirken und zugleich mit erheblichen Lohnnebenkosten verbunden sind, stellt die bKV eine **clevere, wirtschaftlich durchdachte und nachhaltig wirksame Alternative** dar. Sie punktet sowohl finanziell auf Arbeitgeberseite – durch steuerliche und sozialversicherungsrechtliche Gestaltungsmöglichkeiten – als auch emotional auf Seiten der Arbeitnehmer.

Denn im Gegensatz zur oft schnell verpuffenden Wirkung einer Gehaltserhöhung vermittelt die bKV **eine tiefere Form der Wertschätzung**: Sie wird als gezielte, persönliche Unterstützung in gesundheitsrelevanten Lebenssituationen wahrgenommen – als Zeichen, dass sich das Unternehmen wirklich kümmert. **Die emotionale Bindung an den Arbeitgeber wächst**, Vertrauen entsteht, und das wiederum erhöht die Zufriedenheit und Loyalität der Mitarbeiter.

▶   **Eine repräsentative Umfrage[16] zeigt: 29 % der Beschäftigten zwischen 18 und 29 Jahre – sowie knapp ein Viertel aller Befragten, betrachtet eine bKV wertvoller als eine Gehaltserhöhung.** Interessant ist auch der qualitative Unterschied in der Rückmeldung: **Arbeitgeber berichten regelmäßig, dass nach einer Gehaltserhöhung selten ein „Danke" folgt.** Bei der Einführung einer bKV hingegen erhalten sie nicht nur Dank, sondern auch wertschätzendes, positives Feedback aus der Belegschaft: „Wie schnell der Arzttermin geklappt hat", „wie gut es war, endlich zur Vorsorge zu gehen", „wie einfach die Abrechnung der Physiotherapie lief", oder „wie angenehm der Klinikaufenthalt im Einbettzimmer war" – **die bKV wird nicht nur genutzt, sie wird erlebt.** Diese positiven Erfahrungen werden im privaten Umfeld weitergetragen – an Familie, Freunde und Bekannte – und **stärken damit das Arbeitgeberimage auch nach außen.**

So wirkt die bKV gleich mehrfach: als flexibles, modernes Instrument der Entlohnungspolitik, als erlebbarer Benefit mit Mehrwert – und als strategisches Mittel zur Positionierung als attraktiver Arbeitgeber im Wettbewerb um Talente.

3.1.4   Nutzen durch Stärkung der Nachhaltigkeit

Im Zuge der zunehmenden gesellschaftlichen Relevanz von Nachhaltigkeit rückt auch die betriebliche Krankenversicherung (bKV) verstärkt in den Fokus strategischer Unternehmensführung. Firmen stehen heute mehr denn je in der Verantwortung, ihre Nachhaltigkeitsmaßnahmen nicht nur umzusetzen, sondern auch transparent zu dokumentieren. Regulatorische Vorgaben verlangen zunehmend valide Nachweise über ökologisch, sozial und wirtschaftlich nachhaltiges Handeln – ein Aspekt, der sich unmittelbar auf die Bonität und damit auf die wirtschaftliche Handlungsfähigkeit eines Unternehmens auswirken kann.

In diesem Zusammenhang bietet die bKV einen wirkungsvollen Hebel, um sowohl unternehmerische als auch gesellschaftliche Ziele wirksam miteinander zu verknüpfen. So stellen einige Anbieter im Rahmen ihrer bKV-Produkte Nachhaltigkeitszertifikate aus, die Unternehmen für ihre Nachhaltigkeitsberichte oder gegenüber Banken im Rahmen der Kreditvergabe nutzen können. Diese Zertifikate belegen, dass das Unternehmen durch ge-

---

[16]Institut Civey. (2023, November). *Arbeitnehmerbefragung zur betrieblichen Krankenversicherung.* Umfrage im Auftrag des PKV-Verbands.

zielte Investitionen in die Gesundheit und das Wohlergehen seiner Mitarbeiter – in Anlehnung an das Sustainable Development Goal (SDG) 3 – gesellschaftliche Verantwortung übernimmt und strukturell verankerte Maßnahmen zur Förderung der Belegschaft ergreift.

Die positive Korrelation zwischen nachhaltigem Wirtschaften und wirtschaftlichem Erfolg ist mittlerweile vielfach belegt. Gerade aus der Perspektive des Personalmanagements zeigt sich, dass Aspekte wie Gesundheitsförderung und soziale Verantwortung einen wachsenden Einfluss auf die Arbeitgeberattraktivität haben. Insbesondere jüngere Generationen achten bei der Wahl des Arbeitgebers verstärkt auf dessen Werte, insbesondere im Hinblick auf ökologische und soziale Nachhaltigkeit. Firmen, die durch eine nachhaltigkeitsorientierte Personalstrategie – etwa durch die Integration einer bKV – überzeugen, haben im Wettbewerb um qualifizierte Fach- und Führungskräfte einen deutlichen Vorteil.

Darüber hinaus leistet die bKV einen substanziellen Beitrag zum betrieblichen Gesundheitsmanagement. Unterstützungsleistungen wie schneller Zugang zu Fachärzten, digitale Gesundheitsservices oder psychosoziale Beratung stärken nicht nur das individuelle Wohlbefinden der Mitarbeiter, sondern fördern auch die kollektive Resilienz der Organisation. Die verbesserte Versorgung im Krankheitsfall, ein schnellerer Wiedereinstieg in den Arbeitsalltag sowie eine präventiv orientierte Gesundheitskultur sind dabei nicht nur Ausdruck moderner Arbeitgeberverantwortung, sondern zahlen langfristig auch auf die wirtschaftliche Leistungsfähigkeit des Unternehmens ein.

Während Nachhaltigkeit noch vor wenigen Jahren vielerorts als freiwilliges „Schmuckwerk" galt, hat sich der Blickwinkel inzwischen grundlegend verändert. Heute ist Nachhaltigkeit ein unternehmerischer Erfolgsfaktor – und die bKV ein praktisches Instrument, um diesen Anspruch glaubwürdig und wirksam zu unterfüttern.

3.1.5 Schlanke Prozesse, aufwandsarme Umsetzung, einfache Verwaltung

Unternehmen profitieren in erheblichem Maße von der Einführung einer betrieblichen Krankenversicherung, insbesondere dadurch, da diese mit schlanken, verwaltungsarmen Prozessen, einer aufwandsarmen Umsetzung und einfacher Administration einhergeht.

Gerade hier setzt eine durchdachte und moderne bKV-Lösung an, die sich durch einfache Handhabung und einen geringen administrativen Aufwand auszeichnet. Der Abschluss ist unkompliziert, die Implementierung erfolgt schnell und ohne großen Zeitaufwand. Bereits zu Vertragsbeginn genügt eine einmalige Übermittlung einer Anmeldeliste der versorgungsberechtigten Mitarbeiter. Änderungen – etwa durch Ein- oder Austritte – können unkompliziert, formlos und zusätzlich auch vollständig digital über ein Online-Meldeportal abgewickelt werden. Diese digitale Prozessführung stellt sicher, dass in keiner Phase des bKV-Benefits Unternehmensressourcen unnötig belastet werden. Sowohl Anmeldung, Abmeldung als auch Änderungsmitteilungen lassen sich mit wenigen Klicks erledigen – effizient, zeitsparend und medienbruchfrei.

Auch im Leistungsfall sind Betriebe vollständig entlastet: Die Abwicklung erfolgt in der Regel digital über eine App und direkt zwischen dem Leistungsträger mit dem Mitarbeiter, der dabei auch die datenschutzrechtlichen Anforderungen strikt einhält. Ergänzend steht den Beschäftigten eine Service-Hotline zur Verfügung, die Fragen direkt kompetent beantwortet und somit die Personalabteilung weder berührt noch belastet.

▶ **In Summe entsteht mit der betrieblichen Krankenversicherung eine Lösung, die dem Wunsch vieler Unternehmen nach einem leistungsstarken Benefit-Angebot entspricht – ohne die oft befürchteten Belastungen in der täglichen Verwaltungsarbeit.** Eine moderne bKV überzeugt durch durchgängig digitalisierte und vereinfachte Prozesse, die den betrieblichen Aufwand auf ein Minimum reduzieren.

3.2 Leistungsauswertung belegt Nutzung und Inanspruchnahme

Reportings zur betrieblichen Krankenversicherung liefern wertvolle Einblicke in deren tatsächliche Nutzung und belegen eindrucksvoll die hohe Inanspruchnahme sowie Akzeptanz auf Seiten der Mitarbeiter. Anders als bei vielen anderen Benefits, deren Wert von Beschäftigten oftmals nur abstrakt wahrgenommen wird, zeigt sich bei der bKV ein **klar messbarer Nutzen** – und das in der Breite der Belegschaft. Leistungsreportings geben Unternehmen ein **anonymisiertes Bild darüber, wie viele Mitarbeiter die bKV-Leistungen tatsächlich nutzen**, in welchen medizinischen Bereichen dies geschieht und wie intensiv die Angebote wahrgenommen werden.

Dabei ist festzustellen: Die bKV ist längst kein theoretisches Zusatzangebot mehr, sondern ein konkret erlebbarer Gesundheitsbonus, der in der Praxis ankommt – ein Benefit, der ausdrücklich gewünscht und genutzt wird. Mitarbeiter wissen die verbesserten Leistungen jenseits der gesetzlichen Krankenversicherung (GKV) zu schätzen und erleben oft durch die bKV erstmals den Zugang zu medizinischen Versorgungsangeboten auf dem Niveau eines Privatpatienten. Besonders in Bereichen, in denen die GKV keine oder nur eingeschränkte Leistungen vorsieht, ermöglicht die bKV eine echte Alternative. Ohne diese ergänzenden Leistungen würden viele dieser Behandlungen aus Kostengründen vermutlich nicht in Anspruch genommen werden.

Ein zentraler Erfolgsfaktor der bKV ist ihre Erlebbarkeit. Budgettarife haben sich dabei gegenüber den früher dominierenden Bausteintarifen klar durchgesetzt. Sie bieten den Arbeitnehmern eine größere Flexibilität in der Auswahl der Leistungen und erhöhen somit die individuelle Nutzbarkeit erheblich. Genau diese Individualisierbarkeit trägt maßgeblich dazu bei, dass sich die bKV nicht nur auf dem Papier lohnt, sondern im Arbeitsalltag greifbare Vorteile bietet.

Entscheidend für die Bewertung des Nutzens einer bKV ist nicht der direkte finanzielle Vergleich zwischen den vom Arbeitgeber aufgewendeten Beiträgen und den gesamten Erstattungsbeträgen pro Jahr. Diese Betrachtung greift zu kurz. Vielmehr ist der entscheidende Indikator, wie viele Mitarbeiter regelmäßig Leistungen aus der bKV in Anspruch nehmen, wie häufig Rechnungen eingereicht werden und welche Leistungsbereiche dabei besonders im Fokus stehen. Jedes eingereichte Leistungsdokument steht für ein aktives Nutzungselement, das nicht nur die Gesundheitsversorgung des Einzelnen verbessert, sondern auch das Unternehmen als Ganzes stärkt – durch gesündere Mitarbeiter, höhere Zufriedenheit und verbesserte Mitarbeiterbindung.

Ein jährliches Reporting verschafft dem Arbeitgeber einen detaillierten Überblick über das Nutzungsgeschehen innerhalb der Belegschaft. So zeigt es unter anderem auf, wie viele Rechnungen pro Arbeitnehmer im Durchschnitt eingereicht wurden und wie hoch der Anteil der Nutzung je Leistungsbereich ausfällt. Diese anonymisierten Kennzahlen liefern nicht nur eine belastbare Grundlage für die strategische Weiterentwicklung der bKV im Unternehmen, sondern belegen auch transparent die hohe Akzeptanz und den konkreten Mehrwert dieses Benefits für die Mitarbeiter.

3.3 Unternehmensindividuelle ökonomische Betrachtung

Die betriebliche Krankenversicherung (bKV) gewinnt zunehmend an Bedeutung als personalpolitisches und ökonomisches Steuerungsinstrument im betrieblichen Gesundheits- und Personalmanagement. Während viele Unternehmen die Einführung der bKV primär aus Sicht der Mitarbeiterbindung und Arbeitgeberattraktivität betrachten, zeigt die individuelle betriebswirtschaftliche Betrachtung, dass auch signifikante monetäre Effekte realisierbar sind. In meiner Rolle als spezialisierter bKV-Makler habe ich über Jahre hinweg zahlreiche unternehmensspezifische Analysen für Betriebe unterschiedlichster Branchen und Größenordnungen durchgeführt. Grundlage jeder fundierten Bewertung ist dabei stets die Heranziehung unternehmenseigener Kennzahlen – denn nur auf dieser Basis lässt sich eine valide ökonomische Wirkung ableiten.

Im Folgenden exemplarisch anhand eines Praxisbeispiels dargestellt
Ein mittelständisches Unternehmen mit 1000 Beschäftigten sah sich, wie viele andere Bertriebe auch, mit den klassischen personalpolitischen Herausforderungen konfrontiert: hohen Fehlzeiten, steigenden Fluktuationsraten und den damit verbundenen erheblichen Kosten. Die aus der Personalabteilung zur Verfügung gestellten Daten zeigten auf das Unternehmen bezogene Durchschnittswerte von 16 Krankheitstage je Mitarbeiter pro Jahr im Rahmen der Lohnfortzahlung. Die täglichen Lohnfortzahlungskosten lagen dabei bei durchschnittlich 175,00 €. Hochgerechnet auf die gesamte Belegschaft ergaben sich daraus **jährlich 16.000 Krankheitstage**. Diese Zahl bezieht sich ausschließlich auf den Zeitraum der sechswöchigen Entgeltfortzahlung bei Arbeitsunfähigkeit. Die daraus resultierenden Lohnfortzahlungskosten beliefen sich auf 2,8 Mio. € jährlich, die **Gesamt-Ausfallkosten – einschließlich Produktivitätsausfällen und Vertretungskosten – wurden auf rund 6,3 Mio. € geschätzt.**

Auch die **Fluktuation** stellte eine erhebliche Belastung dar. Mit einer vom Betrieb genannten tatsächlichen Quote von **7,58 %** verlassen rechnerisch jährlich 76 Mitarbeiter das
Unternehmen. Bei dem von der Personalabteilung genannten durchschnittlichen **Jahres-
bruttogehalt von 57.600 €** und geschätzten Fluktuationskosten in Höhe von 125 % eines
Jahresgehalts ergaben sich jährliche **Kosten von rund 5,5 Mio. € allein für Personal-
abgänge und Ersatzbeschaffung**.

Der zugrunde gelegte bKV-Tarif sah einen monatlichen **Arbeitgeberbeitrag von
knapp 23,00 €** pro Mitarbeiter vor. Damit lag der Arbeitgeberaufwand im steuer- und
sozialversicherungsfreien Rahmen der Sachbezugsfreigrenze. Auf das gesamte Personal
bezogen, ergab sich eine monatliche Belastung von 23.000 €, was einer **Jahresinvestition
von 276.000 €** entsprach. **Bezogen auf die gesamte Bruttolohnsumme des Unternehmens – rund 57,6 Mio. € jährlich – entsprach das Investment einem Anteil von
lediglich 0,48 %**.

Die Einführung der bKV sollte jedoch nicht allein unter dem Aspekt der Kosten betrachtet werden. Vielmehr werden in der Folge konkrete positive Effekte auf verschiedene betriebswirtschaftliche Kennzahlen beobachtet.

Konservative Annahmen ergaben eine Senkung der Krankheitstage um 2 % – was in
absoluten Zahlen einer Reduktion um 320 Tage entsprach. Diese Entwicklung kann unter
anderem durch präventive Maßnahmen hochwertiger Vorsorgeuntersuchungen und medizinische Zusatzservices wie Facharzttermin-Service oder Videosprechstunden erklärt werden. Gerade diese Leistungsvorteile ermöglichen eine schnellere Diagnostik, Früherkennung und Behandlung, was Ausfallzeiten verkürzt. Allein durch diese moderate Reduktion
der Krankheitstage können 56.000 € an direkten Lohnfortzahlungskosten eingespart werden. **Die Einsparung bei den Ausfallkosten insgesamt belief sich in der Betrachtung
auf rund 126.000 €**.

Neben den krankheitsbedingten Fehlzeiten rückt auch der sogenannte Präsentismus –
also das Erscheinen zur Arbeit trotz Erkrankung – zunehmend in den Fokus. Die bKV reduziert viele seiner Ursachen. Durch Prävention, besseren Zugang zur Versorgung und
einen Kulturwandel hin zu mehr Gesundheitsbewusstsein entsteht ein Arbeitsumfeld, in
dem Mitarbeitende sich trauen, bei Krankheit zu Hause zu bleiben – und schneller wieder
voll leistungsfähig sind. Im betrachteten Unternehmen wurde angenommen, dass etwa
20 % der Mitarbeiter im Jahresverlauf trotz gesundheitlicher Einschränkungen arbeiten,
wobei die individuelle Leistungsfähigkeit im Krankheitsfall um durchschnittlich 25 % reduziert ist. Wird allein dieser **Präsentismus** durch die Einführung der bKV um lediglich
5 % gesenkt, ergibt sich eine **jährliche Einsparung von über 174.000 €**.

Auch hinsichtlich der Fluktuation ließen sich Effekte beobachten. In vielen Firmen
stellt die Suche und Einarbeitung neuer Mitarbeiter eine erhebliche Kostenbelastung dar.
**Bereits die Vermeidung von nur zwei Fluktuationsfällen pro Jahr – was einer mini-
malen Reduktion der Fluktuationsquote um lediglich 0,2 % entspricht – führt im
vorliegenden Fall zu einer Kosteneinsparung von 144.000 €**.

Zusammengefasst: Addiert man alle genannten Einsparungen, ergibt sich eine jährliche
Gesamtersparnis von rund 444.254,40 €. Dem gegenüber stehen die Investitionskosten für

Tab. 3.1 Überblick der
ökonomischen Auswertung

Einsparungen Ausfallkosten	126.000,00 €
Einsparungen Präsentismuskosten	174.254,40 €
Einsparungen Fluktuationskosten	144.000,00 €
= jährliche Gesamtersparnis	444.254,40 €
Abzüglich Investitionskosten für bKV	276.000,00 €
= positives ökonomisches Ergebnis	**168.254,40 €**

die bKV in Höhe von 276.000 € jährlich. Das ergibt ein positives ökonomisches Ergebnis in Höhe von 168.254,40 € – ein klarer Beleg für den wirtschaftlichen Nutzen der bKV-Maßnahme. (Tab. 3.1)

Nicht berücksichtigt in dieser Rechnung sind weitere potenzielle Vorteile, etwa die Ersparnis an Sozialversicherungsabgaben im Vergleich zu klassischen Gehaltserhöhungen oder anderen Benefits.

Dieses Beispiel verdeutlicht eindrucksvoll, wie wichtig eine unternehmensindividuelle Betrachtung im Rahmen der Einführung von Benefits wie der bKV ist. Nur durch eine gezielte Kosten-Nutzen-Rechnung lassen sich die tatsächlichen Auswirkungen auf die Wirtschaftlichkeit eines Unternehmens realistisch einschätzen.

Beispiel

Besonders aufschlussreich war die Reaktion im Rahmen eines Beratungsgesprächs mit einem Unternehmen: Während die Betriebsratsvorsitzende die realistische Wirksamkeit und Plausibilität der positiven Effekte hinterfragte, bestätigte der anwesende HR-Manager die Richtigkeit der präsentierten Zahlen. Er stellte fest, dass die Kennzahlen den internen Berechnungen entsprachen, jedoch bislang nie in dieser Form zusammengeführt worden waren – und dass man im Unternehmen deshalb das wirtschaftliche Potenzial bisher nicht im Blick gehabt habe. ◀

Fakt: Der finanzielle Aufwand zur Implementierung einer arbeitgeberfinanzierten bKV wird durch ein deutlich messbares ökonomisches Ergebnis mehr als kompensiert. Jeder investierte Euro zahlt sich für Unternehmen in Form von vermiedenen Kosten und gestiegener Produktivität mehrfach aus.

3.4 Fazit des Kapitels

Das Kapitel hat eindrucksvoll aufgezeigt, wie eng ökonomischer Nutzen und mitarbeiterzentrierte Wertschätzung im Rahmen der betrieblichen Krankenversicherung (bKV) miteinander verknüpft sind. Die Analyse der verschiedenen Leistungsinhalte und deren Auswirkungen verdeutlicht: Arbeitgeberbeiträge zur bKV zahlen sich mehrfach aus – durch gesündere Mitarbeiter, erhöhte Produktivität und eine langfristig gestärkte Wettbewerbsfähigkeit des Unternehmens.

Unter dem Gesichtspunkt ökonomischer Nutzeneffekte wurde detailliert dargelegt, wie einzelne bKV-Leistungen zur Reduktion von Krankheits- und Fehlzeiten, zur Senkung von Präsentismus sowie zur Minderung von Fluktuationskosten beitragen. Diese Effekte sind nicht nur kurzfristig wirksam, sondern zahlen nachhaltig auf die Leistungsfähigkeit des gesamten Unternehmens ein.

Im Kontext des Return on Investment (ROI) konnte klar differenziert werden: Einerseits wird durch die bKV die Leistungsfähigkeit der Belegschaft gestärkt – durch präventive Gesundheitsmaßnahmen, frühzeitige Diagnostik und verbesserte Versorgung. Andererseits nimmt auch die Leistungsbereitschaft der Mitarbeiter zu. Wertschätzung durch Gesundheitsvorsorge wirkt identitätsstiftend, steigert die emotionale Bindung an das Unternehmen und erhöht die intrinsische Motivation. Beide Perspektiven – Fähigkeit und Wille zur Leistung – sind zentrale Stellschrauben für wirtschaftlichen Erfolg.

Leistungsauswertungen unterstreichen den praktischen Erfolg der bKV. Eine hohe Inanspruchnahme und positive Rückmeldungen von Mitarbeitern belegen den tatsächlichen Nutzen.

Dies zeigt sich insbesondere in dem abschließend dargestellten Beispiel einer unternehmensindividuellen ökonomischen Betrachtung, das den theoretischen Überbau des Kapitels in praxisnahe Zahlen und Zusammenhänge übersetzt. Die dort dargelegte Amortisation der Investition, die signifikant verbesserte Produktivität sowie eine messbar gestiegene Mitarbeiterzufriedenheit liefern überzeugende Belege für den Nutzen.

Literatur

Carstens-Stiftung/Statista. (2024, März 19). *Anteil der Menschen in Deutschland, denen traditionelle, komplementäre oder integrative Medizin[1] geholfen hat, nach Erkrankung im Jahr 2022.* https://de.statista.com/statistik/daten/studie/1498584/umfrage/bevoelkerungsanteil-dem-alternative-heilmethoden-bei-krankheiten-geholfen-haben/. Zugegriffen am 21.04.2025.

DGB-Index Gute Arbeit. (2017). *DGB-Index Gute Arbeit: Der Report 2017 – Vereinbarkeit von Arbeit und Privatleben.* Deutscher Gewerkschaftsbund. https://index-gute-arbeit.dgb.de/++co++614dfaea-bee1-11e7-98bf-52540088cada. Zugegriffen am 21.04.2025.

DGB-Index Gute Arbeit. (2018). *DGB-Index Gute Arbeit: Der Report 2018 – Interaktionsarbeit.* Deutscher Gewerkschaftsbund. https://index-gute-arbeit.dgb.de/veroeffentlichungen/jahresreports/++co++2710716a-e72f-11e8-891f-52540088cada. Zugegriffen am 21.04.2025.

DGB-Index Gute Arbeit. (2024). *DGB-Index Gute Arbeit: Der Report 2024 – Fachkräftesicherung?* Deutscher Gewerkschaftsbund. https://index-gute-arbeit.dgb.de/veroeffentlichungen/jahresreports/++co++671342e2-9b7e-11ef-a017-45cb3577fac2. Zugegriffen am 21.04.2025.

Forsa. (2012, November). *Arbeitgeberperspektive betriebliche Krankenversicherung.* Umfrage im Auftrag der CSS. https://www.asscompact.de/nachrichten/großteil-der-unternehmen-schätzt-arbeitgeberfinanzierte-lösung-bei-der-mitargewinnung. Zugegriffen am 21.04.2025.

Gallup. (2024, Mai). *Auswirkungen von emotionaler Bindung: Gallup Meta-Analyse.* Pressemitteilung. https://www.gallup.com/de/472028/bericht-zum-engagement-index-deutschland.aspx. Zugegriffen am 21.04.2025.

GfK. (2015). *Arbeitgeber-/Arbeitnehmerbefragung: Betriebliche Krankenversicherung (bKV) und Mitarbeiterbindung.* Studie im Auftrag der Allianz. https://www.health-for-all.de/wp-content/uploads/2018/07/neu_Arbeitgeber-_-Arbeitnehmerbefragung-durch-GfK-2015.pdf. Zugegriffen am 21.04.2025.

infas quo. (2021). *Arbeitgeber-/Arbeitnehmerbefragung zur betrieblichen Krankenversicherung und Mitarbeiterbindung.* Studie im Auftrag der Allianz.

Institut Civey. (2023, November). *Arbeitnehmerbefragung zur betrieblichen Krankenversicherung.* Umfrage im Auftrag des PKV-Verbands. https://www.pkv.de/positionen/betriebliche-krankenversicherung/. Zugegriffen am 21.04.2025.

Kassenärztliche Bundesvereinigung. (2018, Juli). *Versichertenbefragung 2018: Ergebnisse einer repräsentativen Bevölkerungsumfrage.* https://www.kbv.de/media/sp/Berichtband_KBV-Versichertenbefragung_2018.pdf. Zugegriffen am 21.04.2025.

KBV. (2021, August 23). *Versichertenbefragung.* https://www.kbv.de/media/sp/2021_KBV-Versichertenbefragung_Berichtband.pdf. Zugegriffen am 21.04.2024.

Kuratorium Gutes Sehen e.V. (2025). Allensbach-Brillenstudie 2024/25: *Wandel im Sehverhalten der Deutschen.* https://www.sehen.de/presse/pressemitteilungen/zahlen-fakten/allensbach-brillenstudie-2024-25/. Zugegriffen am 21.04.2025.

Schneider, H., Heinze, J., & Hering, D. (2011, Mai). *Betriebliche Folgekosten mangelnder Vereinbarkeit von Beruf und Pflege. In Carers@Work – Zwischen Beruf und Pflege: Konflikt oder Chance?* (S. 3). FFP Forschungszentrum Familienbewusste Personalpolitik. https://www.ffp.de/files/dokumente/2011/factsheet_folgekosten-pflege.pdf. Zugegriffen am 21.04.2025.

Schwinger, A., & Zok, K. (2024). Häusliche Pflege im Fokus: Eigenleistungen, Belastungen und finanzielle Aufwände, *WIdO-monitor 1/2024.* Wissenschaftliches Institut der AOK (WIdO). https://www.wido.de/fileadmin/Dateien/Dokumente/Publikationen_Produkte/WIdOmonitor/wido-monitor_1_2024_pflegehaushalte.pdf. Zugegriffen am 21.04.2025.

Statistisches Bundesamt. (2015, August). *Mehr Zeit für Behandlung.* Sozialverband VdK Deutschland e.V., (o. J.). https://www.vdk.de/aktuelles/tipp/zahnbehandlung-und-zahnersatz-was-zahlt-die-kasse/. Zugegriffen am 21.04.2025.

Techniker Krankenkasse. (2018). *Meinungspuls Pflege: Umfrage zur Pflegebereitschaft in Deutschland.* https://www.health-for-all.de/wp-content/uploads/2025/06/Meinungspuls-Pflege-2018.pdf. Zugegriffen am 21.04.2025.

Universität Stanford. (2002). Stanford-Formel: Studie zur Problematik von Präsentismus. Vgl. Koopman, C., Pelletier, K. R., Murray, J. F., Sharda, C. E., Berger, M. L., Turpin, R. S., Hackleman, P., Gibson, P., Holmes, D. M. & Bendel, T. (2002). Stanford presenteeism scale: Health status and employee productivity. *Journal of Occupational and Environmental Medicin, 44*(1), 14–20. https://doi.org/10.1097/00043764-200201000-00004

Zusammenfassung der bisherigen Erkenntnisse

4

Zusammenfassung

Das Fachbuch beleuchtet die strategische Integration von betrieblicher Kranken- und Pflegeversicherung (bKV/bPV) als wirkungsvolle Antwort auf aktuelle Herausforderungen in der Unternehmensführung und Personalpolitik. Es zeigt praxisnah, wie wirtschaftlicher Erfolg und werteorientierte Fürsorge Hand in Hand gehen können. Im Fokus steht die bKV als nachhaltiges Instrument zur Mitarbeiterbindung, Gesundheitsförderung und Arbeitgeberattraktivität. Das Buch liefert ökonomische Argumente, konkrete Umsetzungsempfehlungen und fordert ein neues Denken: Wertschätzung als Grundlage unternehmerischer Resilienz. Die bKV ist der Schlüssel zu einer modernen, zukunftsfähigen Personalstrategie. Die zentrale Botschaft: Gesunde Mitarbeiter sind kein Kostenfaktor, sondern ein ökonomischer Erfolgsfaktor.

Dieses Fachbuch widmet sich einem hochaktuellen Thema der Unternehmensführung und Personalpolitik: der strategischen Integration wertschätzender Maßnahmen in den betrieblichen Alltag – insbesondere der betrieblichen Krankenversicherung (bKV) und betrieblichen Pflegeversicherung (bPV). Es zeigt auf, wie unternehmerischer Erfolg und mitarbeiterorientierte Gesundheitsmaßnahmen Hand in Hand gehen können. Das Buch schlägt die Brücke zwischen wirtschaftlicher Notwendigkeit und sozialer Verantwortung und liefert praxisnahe Argumente und Anwendungsbeispiele, die Personalverantwortliche, Entscheider und Geschäftsleitungen gleichermaßen ansprechen.

M. Scherbaum, *Ökonomischer Erfolgsfaktor betriebliche Krankenversicherung*, https://doi.org/10.1007/978-3-658-48924-3_4

Angespannte Kostensituation und wachsender Handlungsdruck

Zu Beginn zeichnet das Buch ein realistisches Bild der aktuellen Lage in deutschen Unternehmen: Die Kostensituation ist angespannt wie selten zuvor. Gleichzeitig steigen die Herausforderungen im Personalmanagement. Krankheitsbedingte Ausfälle erreichen historische Höchststände und verursachen immense wirtschaftliche Schäden. Der demografische Wandel, der Mangel an Fach- und Arbeitskräften, ein tiefgreifender Wertewandel und der Generationenmix in der Belegschaft verschärfen die Situation zusätzlich. Betriebe befinden sich in einem Arbeitnehmermarkt, in dem die Attraktivität als Arbeitgeber über die Zukunftsfähigkeit mitentscheidet. **Der Status quo ist von Unsicherheit und strukturellen Schwächen geprägt – doch er bietet auch Raum für neue Lösungen.**

Werteorientierte Personalarbeit

Angesichts dieser Lage fordert das Buch ein Umdenken: Weg von kurzfristigen, kostengetriebenen Maßnahmen hin zu langfristig wirkenden, werteorientierten Strategien. Die Personalpolitik soll sich nicht nur an Zahlen, sondern an Menschen orientieren. Denn: Wertschätzung ist keine Einbahnstraße – sie erfordert echtes Engagement des Arbeitgebers, das sich letztlich auch wirtschaftlich auszahlt. Zentraler Baustein dieser neuen Wertestrategie ist die betriebliche Krankenversicherung.

Doch dieser Grundsatz betrifft nicht nur Arbeitgeber, sondern meint explizit auch die Verantwortung auf Seiten der Arbeitnehmer. Einige Personalverantwortliche stehen mittlerweile an einem Punkt der Resignation: *„Was sollen wir denn noch alles tun?"* Diese Entwicklung birgt erhebliche Risiken – nicht nur für einzelne Betriebe, sondern für die gesamte Wirtschaft. Denn wenn Unternehmen unter der Last der Erwartungen zusammenbrechen oder ihre Motivation verlieren, gibt es keine Arbeitgeber mehr – und damit auch keine Arbeitsplätze.

▶   **Deshalb formuliert das Buch einen klaren Appell an beide Seiten:** Ein gesundes und nachhaltiges Arbeitsumfeld basiert auf Gegenseitigkeit – auf einem fairen Austausch von Erwartungen und Leistungen, bei dem sowohl Arbeitgeber als auch Arbeitnehmer ihren Beitrag leisten. **Nur durch diesen beidseitigen Dialog und ein gemeinsames Verantwortungsbewusstsein kann langfristig eine stabile Zusammenarbeit entstehen. Das gegenseitige Verständnis für Rollen, Herausforderungen und Bedürfnisse bildet dabei das Fundament einer zukunftsfähigen Arbeitswelt.**

Die betriebliche Krankenversicherung: Mehr als ein Benefit

Die bKV wird im Buch nicht als bloßes Versicherungsprodukt oder bloßes Extra betrachtet, sondern als bewährtes strategisches Instrument moderner Personalpolitik. Sie steht für ein neues Verständnis von Fürsorge, bei dem Gesundheit und Wohlbefinden nicht nur toleriert, sondern aktiv gefördert werden. Der Arbeitgeber übernimmt Verantwortung und positioniert sich gleichzeitig als attraktiver, moderner Arbeitgeber. Gerade in Zeiten, in denen Gehaltserhöhungen schnell verpuffen, wirkt die bKV als nachhaltiges Zeichen der Wertschätzung.

Die bKV ist dabei kein starres Modell, sondern ein flexibles System mit vielseitigen Leistungsfeldern – von hochwertiger medizinischer Versorgung über präventive Maßnahmen bis hin zur betrieblichen Pflegeversicherung. Sie fördert die Vereinbarkeit von Beruf, Familie und Pflege und unterstützt eine gesunde Work-Life-Balance. All das stärkt nicht nur die individuelle Beschäftigungsfähigkeit, sondern auch die Leistungsfähigkeit des gesamten Unternehmens.

Geringe Kosten – hoher Nutzen

Ein zentrales Argument des Buches ist die ökonomische Rentabilität der bKV. Zwar entstehen Kosten bei der Einführung, doch diese werden durch die resultierenden Einsparungen – etwa durch sinkende Fehlzeiten, geringeren Präsentismus und weniger Fluktuation – meist mehr als ausgeglichen. Unternehmen mit bKV profitieren zudem von einer höheren Produktivität, einem besseren Employer Branding und einer gestärkten Mitarbeiterbindung.

Das Buch legt dabei dar, dass viele Unternehmen beim Thema Benefits vor allem auf die Kosten blicken und nicht ausreichend die erzielbaren Einsparungen berücksichtigen. Doch genau diese sind im Falle der bKV nicht zu unterschätzen. Hochgerechnet auf die gesamte Belegschaft sind die finanziellen Vorteile enorm – unabhängig von der Unternehmensgröße. Die bKV amortisiert sich nicht nur, sie erzeugt echte Wertschöpfung durch Wertschätzung.

Die Formel lautet: **Gesunde Mitarbeiter kosten Geld – kranke Mitarbeiter kosten ein Vermögen.**

Effizienz und Einfachheit

Ein weiterer Vorteil: Die Umsetzung der bKV ist unkompliziert. Im Gegensatz zu anderen Maßnahmen des betrieblichen Gesundheitsmanagements (BGM) überzeugt die bKV durch schlanke Prozesse, einfache Verwaltung und klare Strukturen. Sie benötigt wenig operative und administrative Ressourcen und ist damit auch für kleine und mittlere Betriebe attraktiv. Ihre Wirkung entfaltet sie dennoch umfassend – auf individueller wie auf unternehmerischer Ebene.

Gesundheitsbenefit, der sich rechnet

Das Buch illustriert seine Thesen anhand konkreter Praxisbeispiele, etwa zur ökonomischen Betrachtung einzelner Leistungsbereiche der bKV. Es zeigt auf, wie gezielte Gesundheitsleistungen zur Kostensenkung beitragen und langfristige Stabilität schaffen können. Darüber hinaus liefert es klare Empfehlungen für die Implementierung: Für Unternehmen sollte nicht die Frage im Raum stehen, **ob** sie eine bKV einführen, sondern **wann** sie dies tun – zielgerichtet, strategisch und wertorientiert.

bKV als Bestandteil einer aktiven Personalpolitik

Die bKV ist mehr als nur eine Reaktion auf aktuelle Herausforderungen – sie ist ein Element einer vorausschauenden, aktiven Personalpolitik. Sie signalisiert: Der Mitarbeiter ist nicht nur eine Arbeitskraft, sondern ein Mensch, dem Aufmerksamkeit, Fürsorge und Anerkennung zuteilwerden. Diese Form der Wertschätzung erzeugt emotionale Bindung, steigert die Zufriedenheit und motiviert zur langfristigen Zusammenarbeit.

Unternehmen, die frühzeitig handeln, können sich mit der bKV gegen die gravierenden Folgen des Wandels wappnen und diese sogar zu ihrem Vorteil nutzen. Die Einführung sollte nicht aufgeschoben werden – denn wer jetzt investiert, sichert sich Wettbewerbsvorteile für morgen.

Wertschöpfung durch gegenseitige Wertschätzung

Am Ende lässt sich die Kernbotschaft des Buches klar zusammenfassen: Die bKV ist kein „Nice-to-have", sondern ein „Must-have" für zukunftsfähige Unternehmen. Sie ist Ausdruck echter Wertschätzung, fördert Gesundheit, Bindung und Motivation der Belegschaft und liefert gleichzeitig wirtschaftliche Vorteile.

Ausblick auf die Zukunft der bKV und die ökonomischen Chancen für Unternehmen

5

Zusammenfassung

Die betriebliche Krankenversicherung hat sich im Verlauf dieses Buches als wirkungsvolles Instrument moderner Personalpolitik gezeigt – und als Ausdruck echter Wertschätzung. In Zeiten tiefgreifender Veränderungen am Arbeitsmarkt gewinnt sie zunehmend an strategischer Bedeutung: hin zu einem zentralen Baustein moderner Arbeitgeberattraktivität und zukunftsorientierter Gesundheitsversorgung. Der ökonomische Erfolg ergibt sich dabei vor allem durch Investitionen in Humanressourcen, die sich langfristig auszahlen – in Form von höherer Mitarbeiterbindung, geringerer Fluktuation und gestärkter Resilienz. Die Kombination aus betrieblicher Kranken- und Pflegeversicherung wird sich perspektivisch als dritte tragende Säule der Gesundheitsversorgung etablieren – neben GKV und PKV. Unterstützt durch geeignete politische Rahmenbedingungen wird die bKV zum Erfolgsfaktor der nächsten Wirtschaftsepoche: als glaubwürdiger Ausdruck unternehmerischer Verantwortung und als Investment in die Zukunftsfähigkeit jedes Unternehmens. Klar ist: Wer heute in eine starke bKV investiert, sichert sich morgen wirtschaftlichen Erfolg.

Das Buch hat gezeigt: Wertschätzung – durch eine betriebliche Krankenversicherung (bKV) – ist keine Einbahnstraße. Sie schafft eine nachhaltige Verbindung zwischen Arbeitgebern und ihren Mitarbeitern, die auf Gegenseitigkeit, Vertrauen und langfristiger Perspektive beruht. Und genau hierin liegt ihr enormes Zukunftspotenzial für Unternehmen.

In einer Arbeitswelt, die sich rasant verändert und in der klassische Anreizsysteme zunehmend an Wirksamkeit verlieren, ist die bKV ein zukunftsweisendes, strategisches Instrument moderner Personalpolitik. Gesundheit und Wohlbefinden rücken immer stärker

M. Scherbaum, *Ökonomischer Erfolgsfaktor betriebliche Krankenversicherung*, https://doi.org/10.1007/978-3-658-48924-3_5

in den Fokus beruflicher Lebenswelten – und Unternehmen, die diesen Wandel nicht erkennen und ihre Werte sowie Maßnahmen entsprechend anpassen, laufen Gefahr, den Anschluss zu verlieren. Der Wettbewerb um Talente und Fachkräfte ist längst ein Wettbewerb um attraktive Arbeitsbedingungen und glaubwürdige Wertschätzung.

Eine professionell gestaltete bKV liefert genau die Antworten, die Unternehmen brauchen

Die bKV begegnet den Auswirkungen des demografischen Wandels, mildert die Folgen des Fachkräftemangels und unterstützt die Beschäftigten in einem zunehmend belasteten Gesundheitssystem. Sie schafft nicht nur Mehrwert für die gesamte Belegschaft, sondern auch für die Unternehmen selbst – in Form von höherer Bindung, geringerer Fluktuation, weniger Ausfallzeiten und einer gestärkten Arbeitgebermarke. Knapp Zweidrittel der deutschen Beschäftigten würden es begrüßen, wenn ihr Arbeitgeber eine betriebliche Krankenversicherung als Zusatzleistung anbieten würde. Dreiviertel der Unternehmer betrachten die bKV als zentrales Instrument zur Mitarbeiterbindung und 67 % bewerten sie sogar als das wichtigste Mittel zur Gewinnung neuer Mitarbeiter.

Die Abb. 5.1 zeigt den Blick auf die Zahlen: Knapp über 2,5 Mio. Arbeitnehmer profitieren schon heute von einer arbeitgebervollfinanzierten bKV. Damit ist bKV kein Nischenthema mehr. Gemessen am Gesamtpotenzial von knapp 43 Mio. Erwerbstätigen in Deutschland hat Status Quo ein Anteil von 5,9 % eine bKV. Mit Blick auf die Arbeitgeberseite bieten Ende 2024 bereits 56.500 Unternehmen eine bKV. Gemessen an 455.263 Betrieben mit mehr als 10 abhängig sozialversicherungspflichtig und geringfügig Beschäftigten macht das einen Anteil von 12,4 % aus. Das heißt: 94,1 % der Arbeitnehmer und 87,6 % der Unternehmen haben noch keine bKV. **Diese Zahlen machen deutlich: Die bKV eröffnet enorme Chancen.**

Politik ist jetzt gefragt

Damit diese Entwicklung gelingen kann, sind nun auch die politischen Rahmenbedingungen gefragt. Eine konsequente Reform des steuerlichen Sachbezugsrahmens ist überfällig. Statt starrer Freigrenzen braucht es flexible Freibeträge und einen eigenen steuerlichen Durchführungsweg für die bKV – insbesondere auch in Kombination mit einer betrieblichen Pflegelösung. Das hilft Unternehmen gezielt in strategisch relevante Leistungen zu investieren, ohne im Dickicht bürokratischer Hürden zu versanden oder mit rein konsumtiven Sachzuwendungen konkurrieren zu müssen.

Die Gespräche mit dem Bundesministerium der Finanzen haben bereits erste Bewegung gezeigt. **Eine „Initiative Sachbezugsreform" ist angestoßen – ein wichtiges Signal, das zeigt: Die Themen rund um die bKV sind in der politischen Debatte angekommen. Jetzt gilt es, diese Impulse in konkrete Gesetzesinitiativen zu überführen.**

Die bKV mit bPV als tragende Puzzleteile der Gesundheitsversorgung

Mit Blick auf die kommenden Jahre ist zu erwarten, dass die betriebliche Krankenversicherung (bKV) mit betrieblicher Pflegeversicherung (bPV) sich als tragende Puzzleteile

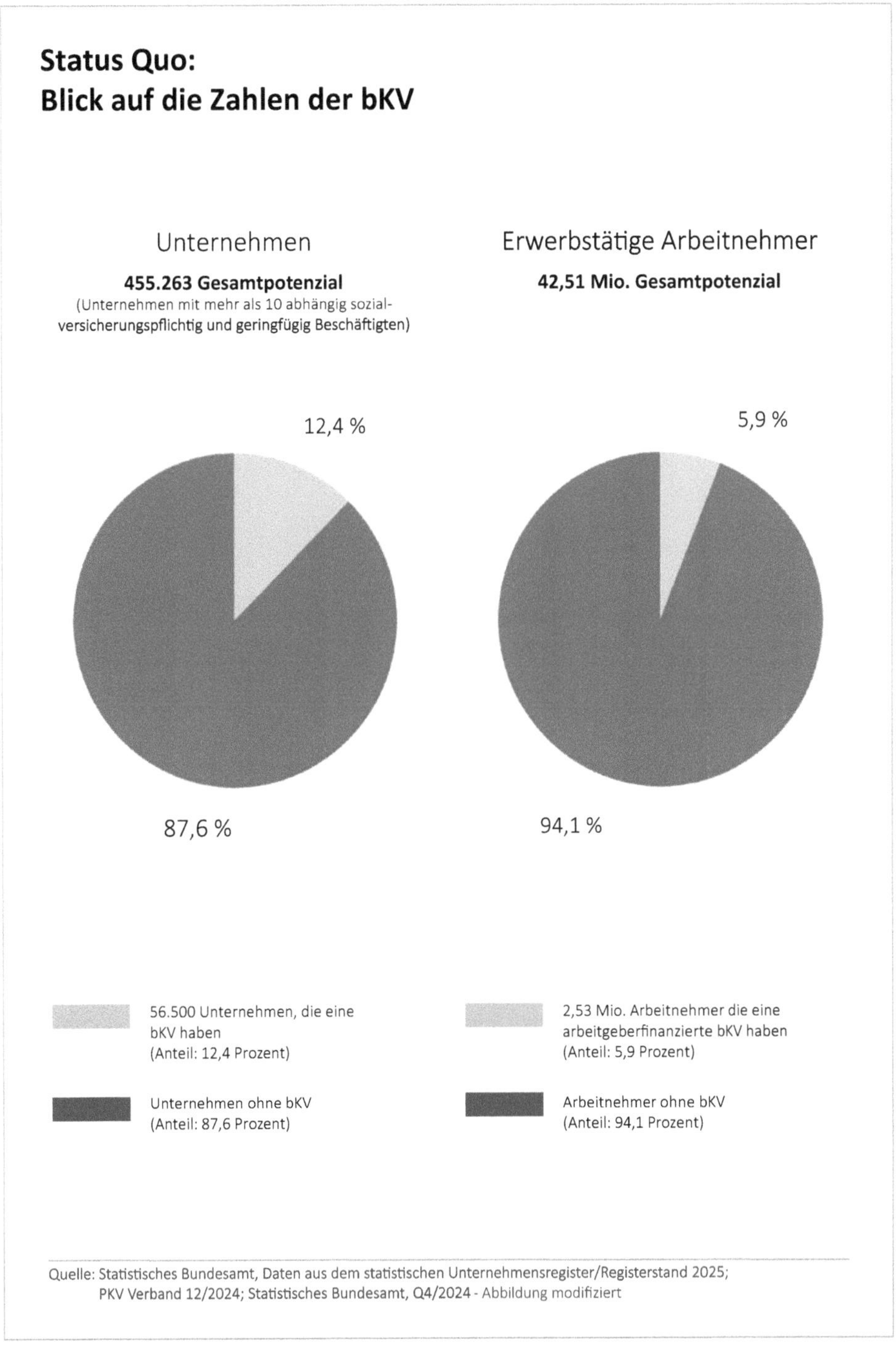

Status Quo:
Blick auf die Zahlen der bKV

Unternehmen

455.263 Gesamtpotenzial
(Unternehmen mit mehr als 10 abhängig sozialversicherungspflichtig und geringfügig Beschäftigten)

12,4 %

87,6 %

56.500 Unternehmen, die eine
bKV haben
(Anteil: 12,4 Prozent)

Unternehmen ohne bKV
(Anteil: 87,6 Prozent)

Erwerbstätige Arbeitnehmer

42,51 Mio. Gesamtpotenzial

5,9 %

94,1 %

2,53 Mio. Arbeitnehmer die eine
arbeitgeberfinanzierte bKV haben
(Anteil: 5,9 Prozent)

Arbeitnehmer ohne bKV
(Anteil: 94,1 Prozent)

Quelle: Statistisches Bundesamt, Daten aus dem statistischen Unternehmensregister/Registerstand 2025;
PKV Verband 12/2024; Statistisches Bundesamt, Q4/2024 - Abbildung modifiziert

Abb. 5.1 Status Quo: Blick auf die Zahlen der bKV. (Quelle: PKV-Verband 12/2024, Abbildung modifiziert)

Abb. 5.2 Ausblick: bKV mit bPV als 3. Säule des deutschen Gesundheitssystems – Einordnung im Gesamtpuzzle. (Quelle: HEALTH FOR ALL®)

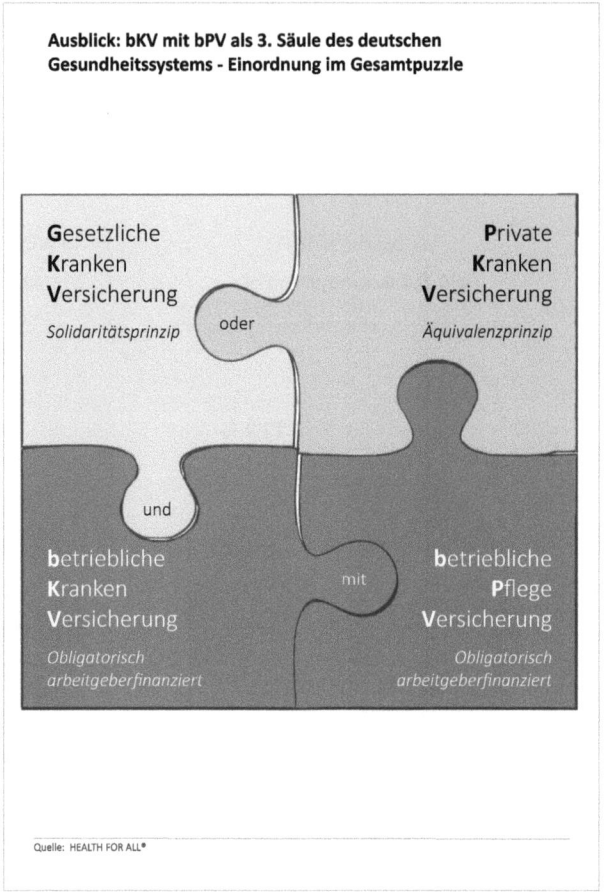

der Gesundheitsversorgung in Deutschland etablieren wird – neben der gesetzlichen (GKV) und der privaten Krankenversicherung (PKV). Eine Grafische Darstellung zeigt die Abb. 5.2.

Die Gründe dafür liegen auf der Hand: Steigende Leistungskürzungen in der GKV und zunehmende Versorgungslücken erfordern neue Antworten. Arbeitgeber können mit der bKV nicht nur diese Lücken schließen, sondern einen aktiven Beitrag zur Gesundheitsprävention leisten – zum Wohl der Belegschaft, zur Stabilisierung des Gesundheitssystems insgesamt, sowie für den betrieblichen ökonomischen Nutzeneffekt.

Fakt: Jetzt ist für Unternehmen die Zeit zu handeln!
Ich bin der festen Überzeugung: Die bKV wird in naher Zukunft ein fester Bestandteil von Arbeitsverträgen sein – weil Mitarbeiter in der modernen Arbeitswelt mehr brauchen als Gehalt und klassische Benefits. Unternehmen, die heute mit einem betrieblichen Krankenversicherungskonzept investieren, werden morgen die Gewinner

im Wettbewerb um Talente, Leistungsfähigkeit und Resilienz sein. Eine starke bKV bringt Gesundheit wirklich in Betriebe, steigert die Leistungsfähigkeit der Belegschaft und liefert einen nachweisbaren Return on Investment – nicht nur in Zahlen, sondern auch in Vertrauen, Loyalität und Unternehmenskultur.

Gesunde und motivierte Mitarbeiter fallen nicht vom Himmel – sie sind das Ergebnis eines durchdachten, nachhaltigen und wertschätzenden Handelns der Arbeitgeberseite.

Ich freue mich, wenn Sie die Impulse und Erkenntnisse aus diesem Buch in Ihre weitsichtige Personalstrategie einfließen lassen – denn: bKV ist eine Investition, die sich heute und in Zukunft lohnt – für Ihr Unternehmen und für Ihre Arbeitnehmer. Wertschätzung ist keine Einbahnstraße – betriebliche Krankenversicherung ist ein strategischer Erfolgsfaktor für die Zukunftsfähigkeit und den wirtschaftlichen Erfolg Ihres Unternehmens.

MIX
Papier aus verantwortungsvollen Quellen
Paper from responsible sources
FSC® C105338

FSC
www.fsc.org

If you have any concerns about our products,
you can contact us on
ProductSafety@springernature.com

In case Publisher is established outside the EU,
the EU authorized representative is:
**Springer Nature Customer Service Center GmbH
Europaplatz 3, 69115 Heidelberg, Germany**

Printed by Libri Plureos GmbH
in Hamburg, Germany